모든 정신력을 집중해
대망을 성취한다.

통일법

士屋敏明 지음
문 정 수 엮음

太乙出版社

머 리 말

집중이란 문자 그대로 모든 힘을 한 점에 모아 중심에 집중시키는 것이다.

왜 그렇게 하느냐 하면 그것이 가장 효율적인 방법이기 때문이다. 그것이 가장 약한 것이기 때문이다. 그것이 가장 약한 것을 가장 강하게 하기 위한 합리적인 방법이기 때문이다.

노자의 말에 "부드럽다, 약하다 해도 물 만큼 부드럽고 약한 것은 없다. 그러면서도 단단하고 약한 것 중 싸움으로라면 물을 이길 것이 없다." (제78장) 라는 의미의 한 구절이 있다.

손에 받아 보면 한 방울, 두 방울의 물이라도 큰 댐에 담아 집중적으로 낙하시키면 몇 십만 킬로와트라는 거대한 전기 에네르기를 발생한다. 이 극히 당연한 원리가 우리들 생활의 기본 원칙이 되고 있는 것이다.

이 원리를 응용하여 확대경으로 태양광선을 한점에 모으면 거기에 집중시킨 태양열로 불이 일어나게 할 수 있다. 이 원리는 4,5세의 유아라

도 체험적으로 알고 있다.

그런데 실제로는 극히 어린아이에게는 단단한 목재에 불구멍을 만드는 일도 매우 어려운 것 같다. 어째서일까.

문제는 열력(熱力)이 높아져 목적물이 마침내 타기 시작할 때까지 현미경의 초점을 움직이지 않도록 지탱해야 한다는 데 있다. 유아는 자칫 정신이 산만해지기 쉽고 싫증을 내기도 하며, 그것을 충분히 하지 못한다. 마음을 딱 고정시키지 못하는 것이다.

집중하기 위해서는 상상하고 있는 물질 자체 즉, 마음 속의 이미지를 단단하게 고정시키는 정도 의지의 강도와 그것을 지탱할 체력이 필요하다고 생각된다. 이런 '집중력을 유지하는 기술'을 알고 있느냐 그렇지 않느냐로 어른과 아이의 차이가 나는 것은 부득이한 것이라고 생각된다.

물론 이 집중 방법에 대해서는 동서고금의 매우 많은 교훈과 속담, 일화 등이 남아 있다.

자주 일컬어지는 '열심히 하라'라는 말도 한

곳에 생명 에네르기를 집중시키는 즉, 정신의 집중을 의미하고 있다. 그러므로 열심히 하기 위해서는 마음도 몸도 최대한으로 (또는 극한을 넘어) 그 기능을 발휘할 수 있도록 조건을 정비해야 한다.

그와 같이 정신을 집중시키기 위해 이상 형태(理想形態) 또는 목표로서 특히 우리는 '정신통일'이라는 슬로건까지 사용하는 경우가 있다. 이런 개념을 외국에서 찾는 것은 힘들지만, 우리나라에서는 조각이나 회화, 연극, 바둑, 장기, 도예, 건축, 또는 태권도 등 여러 가지 장면에서 늘어난다. 예를 들면 털끝 만큼의 오차도 허용되지 않는 곡예사나 한 순간의 방심도 허락되지 않는 승부 같은 것들은 모두 정신통일에 의해 완성된다. 그와 같은 결정적 장면에서 이 정신통일의 필요가 역설되고 또 증명되고 있는 것이다.

이 정신통일의 작용은 인간이 가지는 '감'이라는 초능력을 불러일으킬 수 있다. 보통 인간이 할 수 없는 '신기(神技)'나 '신업(神業)' 조차

등장하고 있다. '기합(氣合)'이나 '목욕재계(沐浴齋戒)'라는 것도 이 정신통일을 가져오기 위한 기법의 하나라고 할 수 있다.

이것은 다분히 동양적으로 신비적이며 정신주의적인 사상의 발로라고 할 수 있다. 서구의 물질주의적인 사상으로는 좀처럼 이해하기 어려운 점도 많을 것이다. 그러나 최근의 심리학이나 생리학 등의 실험을 통하여 이 정신통일에 필요한 집중 메카니즘이 조금씩 알려지고 있다. 거기에서 통감(痛感)하는 것은 이 집중이라는 작용을 어떻게 합리적이고 효과적으로 할 수 있을까라는 것이다. 그것을 '정신통일'이라는 이념으로서 일상적인 체험으로 연결시킨 우리들의 지혜는 훌륭하다는 한 마디로 나타내도 과언이 아니다.

대뇌 생리학(大腦生理學)에 의하면 인간의 두뇌에는 주로 다음과 같은 다섯 가지의 '작용'이 있다고 한다.

(1) 창조한다─예를 들면 일(노동)
(2) 학습한다─수험, 기업내 교육, 학교
(3) 경쟁한다─스포츠, 전쟁, 경쟁(게임)

(4) 논다-오락, 레저

(5) 생(生)으로의 집착-투병(鬪病), 섭생
(攝生;금연) 등

이들의 활용 모두에 '집중'이 관여하고 있다.

이들 모두에 공통되는 '생활' 또는 '인간의 활동'의 기술로써 '집중'을 공부하고 몸에 익히는 것은 이들 사회 생활에서 성공자인가 실패자인가를 정하는 큰 결정수가 되는 것이다.

그러므로 이 책에서는 우리들의 선배, 선조가 남겨준 집중의 선례(先例)를 배우면서 그 심리학적, 생리학적 도리를 확인하고 현대를 살아가는 기술로써 이것을 재편성해 보기로 하겠다.

집필에 있어서 여러 가지 도움을 주신 분들께 깊은 사의를 표하고 싶다.

차 례 *

차 례

*차   례

차   례 *

*차 례

*차 례

차　례*

맺음말

1、당신의 능력을 살리기 위해서는

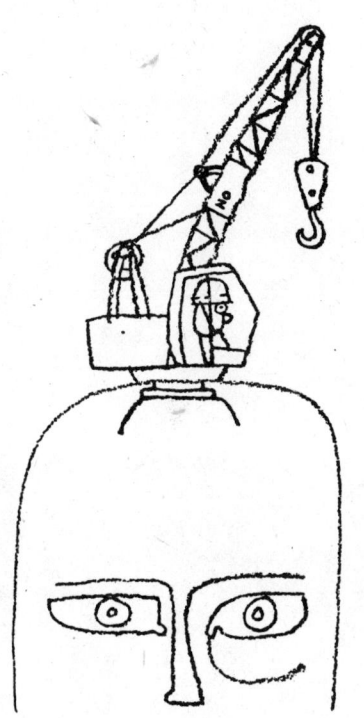

1

⊙ 능력이 있어도 집중시키지 않으면 안된다

골퍼라면 대부분 알고 있을 고전적인 교훈에 정신집중의 중요성을 말한 것이 있다. 예를 들면 명수 하리 바든은 1900년 전미 오픈전에서 겨우 15센티미터의 팟트를 실수하여 중요한 시합을 잃어버렸다.

1933년, 랄프 굴다르는 역시 겨우 1.2미터의 팟트에 정신력을 집중시키지 못해 우승을 놓쳤다.

아무리 우수한 능력을 가지고 있더라도 그것을 집중시키지 못하면 화룡점정(畫龍點睛)을 빠뜨리고, 극히 평범한 능력이라도 집중시키면 굉장한 위력을 발휘한다. 이것은 어린이라도 '토끼와 거북이'의 동화를 읽으면 납득할 것임에 틀림없다. 능력이 낮은 사람이라도 집중에 의해 고능력자를 따라 잡을 수 있는 것이다.

개를 아주 좋아하는 국민학생이 잔돈을 모아 '개 우표' 즉, 개에 관한 세계의 우표를 전부 모은 적이 있다. 어른도 쉽게 할 수 없는 일이라 하더라도 이렇게 집중하면 평범한 어린이도 해낼 수 있다.

'화재시의 괴력' 이라는 말을 자주 들을 수 있다. 비상 긴급할 때 뜻밖의 능력이 발휘되는 것은 역시 집중 덕이다. 보통 때는 이불 한 장 내리는 데도 부들부들 떠는 약한 팔을 가진 사람이 '생명 다음으로 귀중한 금고이니까.'라며 불이 났을 때 몇십 킬로 그램이나 되는 무거운 것을 나른다는 것은 다른 것은 아무 것도 생각하지 않고 자신의 총력을 금고 하나에 결집했기 때문인 것이다.

대부분의 사람은 자신의 능력이 뒤처진다거나 부족하다고 생각한다. 그러나 이것은 능력에 결함이 있기 때문이 아니라 집중력이 떨어져 있는 경우가 많다. 집중력을 잃으면 능력이 상실된 듯한 상태에 빠지기 쉽다. 인간에게는 누구에게나 능력이 있다. 그것을 어느 정도 집중시킬 수 있느냐에 따라서 성과에 차이가 생긴다. 능력을 발휘시키는 중요한 원동력이 집중력인 것이다.

그런데 한 곳에 집중한다 라는 것은 얼핏 보면 쉬운 것 같지만 사실 그것은 매우 어려운 일이다. 반대로 말하자면 한 곳에 집중시킬 수 있다는 것은 매우 은혜로운 인생의 성공자라고 할 수 있다.

한 가지에 집중할 수 없기 때문에 사람은 실패하고 고통받고 슬픔에 빠져드는 것이다.

◉ 집중은 모든 영역에서 필요시 되고 있다

우리들의 일상 생활을 되돌아 보면 사물에 집중하지 않으면 안되는 경우를 사방에서 찾을 수 있다.

예를 들면 학생이라면 시험 공부를 들 수 있다.

싫든 좋든 책상 앞에 앉아 집중적으로 교과서나 참고서와 싸워야 한다. 산만하면 곧 결석률이 오르고 원하던 희망도 좌절된다.

이 학생이 취직을 하면 이번에는 일.

업적을 올리기 위해서는 일의 목표 과제에 심신을 집중할 필요가 있다. 산만한 자세로 일을 하면 곧 '무능 사원'의 레벨이 붙어 버린다.

공부와 일에서 해방되어 무엇인가 레저를 즐길 때도 있을 것이다. 여기에서도 집중과 산만의 차이는 크다. 바둑, 장기, 오락, 춤, 골프……등도 재미있게 놀기 위해서, 능숙해지기 위해서 집중이 필요하다. 산만하게 하면 피로가 증가하고 시간과 돈을 낭비하게 된다.

그녀와 데이트를 할 때도, 생애의 동반자를 만나 결혼하는 것도 역시 '집중' 없이는 실현이 불가능하다. 바의 호스테스와 바람을 피울 때도 돈과 시간과 노력을 집중적으로 투자하지 않으면 대부분 실패한다.

불행하게 병에 걸리면 투병(鬪病)도 하나의 '집중'이다. 병까지는 가지 않더라도 금주(禁酒)나 금연(禁煙)에 얼마나 집중이 필요한가 하는 것은 여러분도 잘 알고 있는 것일 것이다. 「톰소여의 모험」 등으로 유명한 미국의 소설가 마크 투웨인(1835~1910년)이 빈정거리는 기분으로 "금연 따위는 아무 것도 아니야. 몇 천 번이나 끊었어."라고 명언을 토한 것도 집중의 어려움을 나타내고 있는 것이다. 그러나 담배 하나만 끊는 것도 그리 쉬운 일이 아니다.

하물며 무엇인가를 만들어·내는 ― 일요일에 집에서 책장을 만든다 ― 것도 귀찮아 집어치워 버리는 일이 많다.

한 권의 책조차 다 읽지 못하고 일기장은 매년 3회 정도다. 이렇게 해서 많은 사람이 집중하는 것에 자신을 잃고 더 나아가서는 자신의 능력 그 자체에 열등감을 가져 모처럼의 성공이나 만족의 기회를 허사로 만드는 것이다.

◉ 집중하지 않으면 생명을 잃는다

최초에는 교통 전쟁이라고 해도 별로 진귀한 말은 아니었다. 이 교통사고는 실로 많은 사람의 생명을 앗아가는데, 그 원인의 대부분은 '집중력의 결여'이다.

예를 들면 전방 부주의(前方不注意), 음주 운전, 과속……운전하는 사람 마음의 혼란, 주의력 산만이 얼마나 많은가.

'주의(注意) 일초, 상처 평생'이라고 일컬어지듯이 아주 약간의 '집중력'의 결여가 생명을 위험하게 하는 것이다. 교통사고의 주요 요인 중 97% 이상이 운전자측에 그 원인이 있다는 통계도 있을 정도이다. 자동차 하나를 움직이는 데도 주의력의 집중이 얼마나 중요한 의미를 가지고 있나 하는 것을 충분히 알 수 있을 것이라고 생각한다.

일반 산업재해(産業災害)에서도 인간의 주의력 산만은 실로 많은 비극의 원인이 되고 있다.

1978년도 건설업에 있어서의 사상자 총수는 11만 8,568건에 이르고 있는데 그 내역을 보면 다음과 같은 부주의(不注意) 내지는 집중력의 결여가 분명하다.

잘못된 동작 29.6%

위험 장소로의 접근 17.6%

불안전한 방치 4.5%

안전 조치의 불이행 4.4%

보호구·복장 잘못 3.9%

개인 뿐만이 아니라 기업 조직이나 학교 조직이라는 조직체에서도 집중력이 결여되면 조직의 생명이 위험해진다. 예를 들면 경영자가 종업원의 참가를 허용하지 않고 단독 진행하고 있는 기업에서는 조직의 집중력이 매우 약하고, 방만(放漫)경영이나 사기(士氣)침체가 겹쳐 있어 '××의 비극' 등이라고 일컬어지는 쇠퇴를 초래하기 쉽다. 경영자가 바뀌기도 하고 젊은 간부가 분기하여 회사를 다시 세울 때는 반드시 '전사 일환(全社一丸)'이 되어 전체 목표에 조직력 모두가 집중되는 형색을 취하는 것이 정석이 되어 있다.

일찍이 전국적으로 화제를 불러 일으켰던 학원 분쟁의 대부분은 학교 경영자 혹은 학원 관리 체제가 학생이나 교직원들 사이에서 일어나 본래의 사명인 교육 그 자체에 학교 조직의 에네르기를 집중시키지 못했던 것이 치명적이었다고 생각된다.

여담이지만 우리 나라의 교육은 집중보다도 분산에 그 무게를 두고 있다. 백화점의 특매장(特賣場)처럼 이것 저것 원하는 교육 과정을 모으고는 있지만 그 때문에 심이 있는 (집중력을 몸에 익힌)자아 형성을 돕는다는 면이 약하다. 따라서 지식은 이것 저것 외우지만 그것을 집중해서 활용하는 '지혜'가 부족한 상태에 있다. 그러므로 끈질기게 노력을 쌓아 인력을 집중시켜가는 삶의 방식보다는 모양 있고 요령 있게 우연히 기회를 잡는 듯한 삶의 방식에만 매력을 느낀다.

이런 무리가 아무리 모여도 큰 업적은 올릴 수 없을 뿐만 아니라 오히려 조직의 붕괴에 박차를 가하게 된다.

전쟁에 있어서도 집중력이 약한 군대는 집중력이 강한 군대에 패하는 것이 동서고금을 통해 철칙이다. 한 나라의 운명이 전력 '집중'의 승부로 정해졌다는 것은 나폴레옹의 경우나 히틀러의 경우에서도 볼 수 있다.

검술 영화에서는 동시에 몇 사람의 적을 베는 검객이 등장하지만 실제로는 복수의 적과 싸우는 경우, 가능한 1대 1에 가까운 상태를 만들어 한 사람씩 집중적으로 무찔러 갈 연구를 한다.

◉ 집중은 누구나 할 수 있다

집중하는 데는 소질도, 재능도 필요하지 않다. 오히려 바보가 좋다. 거만하지 않은 편이 집중할 수 있는 경우가 많다.

그러나 최소한 집중하는 방법만은 알아 두어야 한다. 집중한다는 것의 묘미한 요령을 한번 터득하면 평범한 사람도 훌륭하게 성공하는 것이다.

일반적으로 무엇인가에 성공한 사람은 지능지수가 상당히 높았다거나, 학교 성적이 좋았다거나, 머리가 좋은 사람이 아니라 오히려 평범한 사람들인 경우가 많다. 극단적으로 말하자면, 바보나

멍청이라도 무엇인가에 집중하고 열중하며, 또 집착하고 파고들면 성공한다. 반대로 집중하지 않으면 아무리 수재라도 실패하고 만다. 이 원리가 거의 주목되고 있지 않은 것이다.

예를 들면 페인트집 주인은 도료(塗料)를 잘 칠한다는 일에 전력을 집중하면 돈을 벌 수 있다.

그런데 실제로는 페인트를 칠하면서 경마를 생각하기도 하고 먹고 살 일을 생각하기도 한다 — 아니 그것은 그래도 나은 편이고 엉뚱한 공상을 한다. 여자의 일, 술, 가재도구에 관한 일, 레저에 관한 일 — 그런 산만함으로는 일을 잘 해낼 수 없다. 철저하게 페인트 장사에 임하면 임할 수록 돈을 듬뿍 벌 수 있게 된다. 한번 집중하면 그것으로 충분한 것이다.

천재는 물론 집중에 의해 유감 없이 천재성을 발휘하지만 머리가 그다지 좋지 않은 사람도 그 나름대로 사용하는 방법에 따라서는 가위 이상으로 날카로운 면을 발휘할 수 있는 것이다. 떡은 떡집의 가장 큰 특기라고 생각되는 것처럼 전문 분야에서 자신이 가지고 있는 힘을 '집중적'으로 발휘하는 것이 가장 효율적이며, 이것이 성공을 거두는 지름길인 것이다.

일반적으로 사람들로부터 성공했다고 여겨지게 하는 어떤 이는 이렇게 말하고 있다.

"노력을 아끼고 성공하는 방법이나 출세의 지름길이라는 것은 없다. 하루하루를 하나하나 평범하게 살아 가고, 작은 노력을 쌓는 것이 성공의 길이다.", "나는 위대하다거나 부자가 되려고 생각한 적이 없다. 그때그때를 열심히 살아 왔다."

이 말들의 의미를 생각해 보면 극히 평범하게 자신의 눈 앞에 있는 일에 대해 모든 노력을 집중하고 그것을 쌓아가는 중에 자신도 모르는 사이에 성공했다는 것이다.

무일푼에서 출발하여 현재는 수백 억의 자본금과 종업원을 거느
리고 있는 대기업의 총수가 된 이는 그런 의미에서는 평범하면서
도 기묘하게 집중력을 실행한 기술자였던 것이다.

그럼 어떻게 하면 이와 같이 집중력을 살릴 수 있을까. 그 순서
를 생각해 보기로 하자.

2, 우선 자기 자신을 알라

$$\boxed{2}$$

⊙ 당신의 집중력은 어느 정도인가

그럼 본제(本題)에 들어가기 전에 당신이 어느 정도의 집중력을 가지고 있는지 다음 2가지 면에서 측정해 보기로 하자.

(A) 집중할 수 있는 소질이 어느 정도인가(테스트Ⅰ)

(B) 지금 집중 능력의 레벨은 어느 정도인가(테스트Ⅱ)

테스트Ⅰ(집중할 수 있는 소질)

다음 각 물음에 네, 아니오로 대답할 것. 제한 시간은 없다. 정직하게 대답하지 않으면 의미가 없어진다.

(1) 당신은 잘 서두르고 잘 고치는 편인가? (네. 아니오)

(2) 당신은 화가 나면 울컥하는 편인가? (네. 아니오)

(3) 당신은 마음 내키는 대로 손을 대는 편인가? (네. 아니오)

(4) 당신은 융통성이 없다고 일컬어지는 편인가? (네. 아니오)

(5) 당신은 침착하게 이치를 생각하지 않고 현실적으로 행동하는 편인가? (네. 아니오)

(6) 당신은 일을 어렵게 생각하고 솜씨 있게 잘 처리하지 못하는 편인가? (네. 아니오)

(7) 당신은 무엇인가를 멍하니 생각하다가 자연스럽게 시간이 지나는 경우가 자주 있는가? (네. 아니오)

(8) 당신은 사물에 열중하면 그것이 끝날 때까지 다른 것은 생각하지 못하는 편인가? (네. 아니오)

(9) 당신은 자신에게 관심이 없는 것은 모르는 체하는 표정을 짓는 편인가? (네. 아니오)

(10) 당신은 꼼꼼한 편이고, 책상 위에 무엇인가 흐트러져 있으면 그대로는 참을 수 없는 편인가? (네. 아니오)

(11) 당신은 가볍게 농담을 하기도 하고 떠들기도 하는 편인가? (네. 아니오)

(12) 당신은 단순한 일도 끈기 있게 하는 편인가? (네. 아니오)

(13) 당신은 자주 다른 사람의 말을 하는 편인가? (네. 아니오)

(14) 당신은 무엇인가를 하기 시작하면 좀처럼 그만두지 못하는 편인가? (네. 아니오)

(15) 당신은 별로 다른 사람과 사귀지 않고, 혼자 있어도 쓸쓸해 하지 않는 편안가? (네. 아니오)

(16) 당신은 언제나 청소 따위를 철저하게 하지 않으면 성이 차지 않는 편인가? (네. 아니오)

(17) 당신은 작은 일로 초조함을 느끼기도 하고 안절부절하지 못하는 편인가? (네. 아니오)

(18) 당신은 흥분하면 자신을 억누르지 못하는 편인가? (네. 아니오)

(19) 당신은 끈기가 없고 약간의 곤란에 부딪쳐도 좌절하기

쉬운 편인가? (네. 아니오)

(20) 당신은 어떤 일을 끝까지 추궁하는 집요한 경향이 있는 편인가? (네. 아니오)

(21) 당신은 자신의 결점을 극복하려고 여러 가지 일을 해 보지만 결국은 오래 가지 않는 편인가? (네. 아니오)

(22) 당신은 자신이 생각하고 있는 대로 할 수 없을 것 같을 때는 결국 포기해버리는 편인가? (네. 아니오)

(23) 당신은 무엇인가 일이 잘 되어가지 않을 때 언제까지나 우울해 하는 편인가? (네. 아니오)

(24) 당신은 어떤 사소한 일에서 나쁜 면만을 생각하는 경향이 있는 편인가? (네. 아니오)

(25) 당신은 소설 따위를 읽으면 자신이 주인공이 되었다는 느낌이 드는 편인가? (네. 아니오)

(26) 당신은 지기를 싫어하고 스포츠, 놀이 따위에서도 지면 분해하는 편인가? (네. 아니오)

(27) 당신은 때때로 다른 사람보다 뒤떨어진 듯한 생각이 드는가? (네. 아니오)

(28) 당신은 걱정을 잘 하고, 몸의 상태 따위에 대해서 보통 사람 보다 많이 걱정하는가? (네. 아니오)

(29) 당신은 무엇인가를 말하고 싶을 때도 타인을 생각해서 말을 하지 못하는 편인가? (네. 아니오)

(30) 당신은 비교적 자기 멋대로 하는 편인가? (네. 아니오)

[테스트 I 의 채점법]

(ㄱ) 다음 각 문제에 '네'라고 대답한 경우는 한 문제당 1점이

된다.

(2), (4), (6), (8), (10), (12), (14), (15), (16), (18), (20), (25), (26)

(ㄴ) 다음 각 문제에 '아니오'라고 대답한 경우는 한 문제당 1점이 된다.

(1), (3), (5), (7), (9), (11), (13), (17), (19), (21), (22), (23), (24), (27), (28), (29), (30)

(ㄷ) 합계점에 따라 다음과 같이 판단한다.

10점 이하… 당신은 어떤 일을 집중적으로 수행할 소질이 없다. 그때 그때의 승부로 그날 그날 생활하는 수밖에 없다.

11점~20점… 평균적인 사람이라고 할 수 있다. 집중 요령을 파악하게 되면 꽤 집중할 수 있을 것이다.

21점 이상… 소질적으로는 매우 혜택을 입고 있다. 당신이 큰 결심을 하여 집중하면 멋진 성공을 거둘 수가 있을 것이다.

테스트 Ⅱ (집중 능력의 레벨)

[문제 1] 다음에 원, 정방형, 장방형, 삼각형의 네 가지 도형과 도형 안쪽에 몇 개인가의 점이 찍혀 있는 그림이 있다. 이하의 문제를 잘 읽고 점수를 주의 깊게 셀 것.

《제한 시간》 3분

《주의》 속도보다는 정확함이 필요.

(ㄱ) 정방형 속에 있고 삼각형, 원, 장방형 속에 없는 것은?

(ㄴ) 원 속에 있고 삼각형, 정방형, 장방형 속에 없는 것은?

(ㄷ) 삼각형 속에 있고 원, 정방형, 장방형 속에 없는 것은?

(ㄹ) 장방형 속에 있고 삼각형, 원, 정방형 속에 없는 것은?

(ㅁ) 삼각형, 원에 공통이고 장방형, 정방형 속에 없는 것은?

(ㅂ) 정방형, 삼각형에 공통이고 장방형, 원 속에 없는 것은?

(ㅅ) 정방형, 원에 공통이고 삼각형, 장병형 속에 없는 것은?

(ㅇ) 정방형, 장방형에 공통이고 원, 삼각형 속에 없는 것은?

(ㅈ) 삼각형, 장방형에 공통이고 원 속에 없는 것은?

(ㅊ) 원, 정방형, 삼각형, 장방형에 공통인 것은?

(ㅋ) 원, 정방형, 삼각형에 공통되는 것은?

[문제 2] 다음 수표의 각 단 숫자 중 옆에 있는 숫자의 합이 10이 되는 조에 밑줄을 그어 주시오.

《주의》 가능한 신속하게 할 것.

《제한 시간》 7분 (절대로 7분을 넘지 말 것)

《예제》 Z··· 2 9 4 6 1 1'9 3 5 5 6 7 8 5 4 7

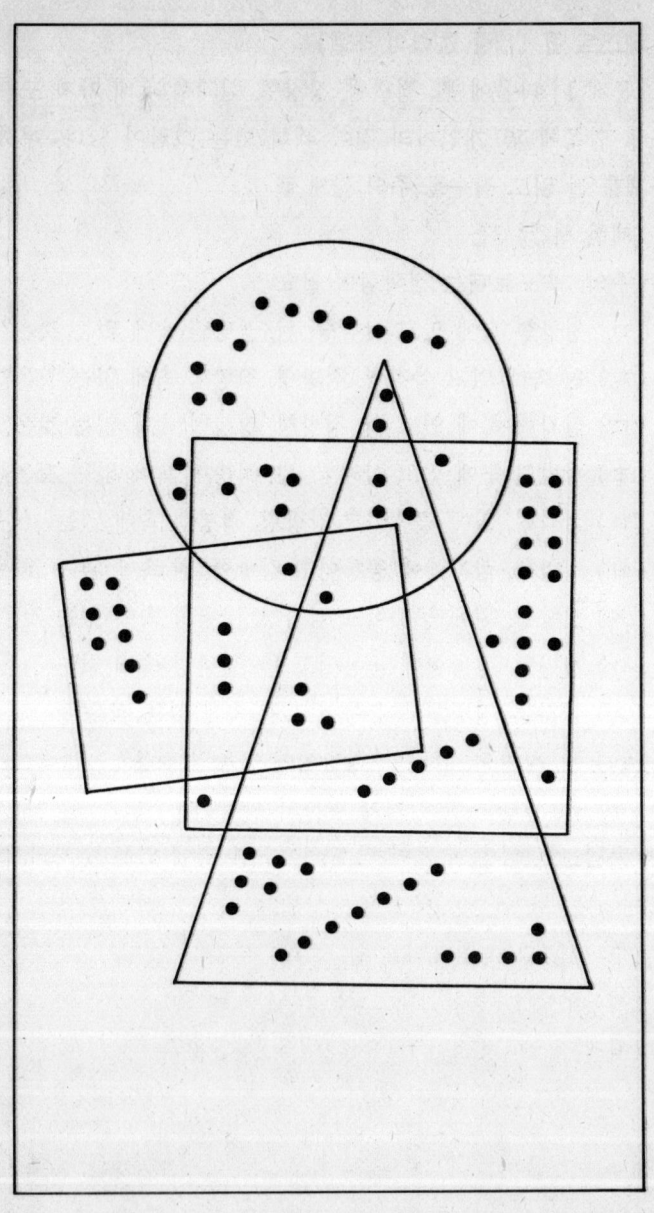

```
A…2 9 1 4 8 7 5 6 3 8 8 9 6 1 8 7 4 8 8 3 2 2 8 4 5 5 5 7 9 1 8 6 4 3 7
B…9 8 2 9 5 7 4 9 6 3 9 7 0 4 9 8 5 2 6 6 8 4 5 3 1 6 7 6 7 8 4 8 8 2 9
C…1 7 3 8 1 3 6 8 7 1 8 8 1 8 3 4 6 8 4 7 5 8 8 6 7 9 8 9 1 7 8 8 6 5 1
D…3 2 3 4 6 3 8 4 5 5 7 0 0 2 5 3 8 5 4 7 5 0 0 6 6 9 4 0 8 1 1 9 4 3 2
E…5 3 4 1 9 5 7 8 6 1 6 8 4 5 4 6 8 5 8 6 2 8 5 1 6 9 7 1 7 4 2 3 8 4 8
F…2 0 9 6 8 2 6 3 1 9 2 0 9 2 2 0 9 5 7 8 8 4 5 3 1 4 5 7 6 4 7 5 5 9 9
G…6 4 8 2 7 7 0 7 9 8 3 6 3 9 3 2 4 6 5 3 5 0 2 1 6 3 4 7 3 3 9 3 2 1 1
H…7 2 3 3 4 0 8 4 4 7 8 1 7 4 4 6 3 2 3 3 7 6 4 8 7 5 2 9 5 8 4 2 3 2 3
I…3 4 7 8 6 7 4 4 4 4 5 8 3 1 8 4 2 4 0 9 8 2 3 4 3 2 3 3 8 3 3 7 4 8 9
J…9 1 9 7 2 8 7 4 3 6 6 8 2 6 5 1 9 5 9 1 4 6 0 9 4 5 5 3 1 2 4 5 9 7 4
K…1 8 7 9 4 1 0 8 9 4 5 3 4 0 8 7 5 6 2 3 0 5 4 6 0 2 3 2 6 7 8 2 2 3 2
L…2 4 6 8 2 4 2 3 1 7 8 5 9 7 4 6 8 9 8 5 5 2 7 3 5 8 5 4 3 5 3 4 8 9 4
M…8 9 3 4 3 9 8 7 6 9 1 5 9 8 1 9 9 4 0 5 7 2 5 8 5 6 5 7 4 5 6 8 0 2 2
N…9 1 8 2 6 7 3 2 1 8 6 8 9 2 4 4 8 2 5 7 1 9 2 0 8 5 2 7 4 2 9 2 1 3 3
O…2 0 7 3 0 0 5 4 6 7 0 3 0 8 9 2 0 1 3 8 5 4 0 8 2 4 9 8 0 6 4 1 7 2 9
P…2 7 3 8 1 7 8 4 8 2 7 9 0 2 4 2 9 4 5 1 3 4 6 7 2 5 1 6 4 6 6 7 8 2 6
Q…2 3 6 6 0 3 7 6 7 3 1 4 6 7 3 2 4 5 8 9 9 6 1 8 2 0 4 4 3 1 5 3 4 0 8
R…4 9 1 9 7 4 4 8 8 4 5 8 4 7 5 5 8 0 7 6 9 3 6 3 6 5 4 7 7 8 1 3 8 9 6
S…9 4 3 4 2 9 9 7 2 0 1 9 7 2 5 8 7 6 8 5 5 9 8 7 5 4 9 6 4 2 3 2 8 8 1
T…8 3 1 3 6 3 8 9 8 3 7 3 4 7 6 0 4 4 4 4 2 9 7 7 4 0 5 9 1 6 1 4 6 9 2
U…4 0 6 5 5 2 0 6 9 2 5 5 7 0 3 5 4 1 7 5 5 3 8 7 1 1 3 7 7 0 3 5 9 8 2
V…8 5 7 4 1 7 1 8 9 6 3 8 2 2 8 8 8 6 6 1 9 4 9 2 1 7 4 4 1 8 6 2 1 4 4
W…6 7 2 3 1 8 6 0 0 8 1 4 3 8 9 6 5 9 9 6 7 4 0 5 2 3 3 8 3 5 5 3 6 6 8
X…4 9 5 6 3 5 3 0 3 8 7 8 8 5 2 2 8 4 8 0 9 5 1 8 5 1 4 5 3 7 1 5 9 1 9
Y…6 2 4 3 7 8 9 6 3 8 9 0 6 8 8 2 8 3 5 7 9 1 8 7 8 2 6 4 9 0 5 4 3 2 1
```

[테스트 Ⅱ의 채점법]

[문제 1]

《정해》 (ㄱ)16 (ㄴ)14 (ㄷ)18 (ㄹ)8 (ㅁ)2 (ㅂ)5 (ㅅ)5 (ㅇ)
3 (ㅈ)3 (ㅊ)1 (ㅋ)4

《채점법》 틀린 해답 한 문제 당 2점. 해답이 없는 경우는 한
문제당 1점. 그 합계가 당신의 득점이다.

  A 3점 이하(상위 20퍼센트)

  B 4~6점(다음 20퍼센트)

  C 7~8점(다음 20퍼센트)

  D 9점 이상(하위 40퍼센트)

[문제 2]

  합계하면 10이 되는 조는 전부 143조이다. 바른 143조 중 정해
(正解)는 마이너스 1점으로 하고 틀려 밑줄을 그어 버린 조 1조마
다 1점을 프러스한다.

  예를 들면 100조 바르게 밑줄을 긋고, 3조 달리 밑줄을 그을
경우(긋지 않은 40조였던 것이 된다) 다음과 같이 된다.

  143-100+3=46

  《비고》 표준 편차=3.8   확률 오차=9.8

  A 0~26점 (상위 10퍼센트)

  B 27~37점 (다음 20퍼센트)

  C 38~48 (다음 30퍼센트)

  D 49점 이상 (하위 40퍼센트)

  당신이 지금 어느 정도의 집중력 레벨에 있는가는 일단 알았을

것이다. 당신이 만족했다면 몰라도 그렇지 않고 한 발짝 더 향상을 원하면 곧 다음으로 전진해야 할 것이다.

그러나 다음으로 당신에게 바라고 싶은 것은 당신 자신이 어느 정도 강한 '의지'를 가지고 있는가 가슴에 손을 얹고 생각해 보았으면 하는 것이다.

◉ 당신의 의지는 강한가 약한가

마음 속으로 은밀하게 기대하는 것이 있어서 오늘 지금 이시간부터 독학을 결심했다고 하자.

그런데 그런 날에는 꼭 친구들로부터 '놀러 가자'라는 유혹을 받기도 하고 신문 광고나 텔리비전 CM이 눈에 띄기도 하여 유혹에 손을 대는 처지가 되는 것이다.

주의나 관심이 다른 것에 크게 쏠리는 원인은 역시 외부로부터의 강한 유혹에 자신의 의지가 그만 굴복해 버릴 때이다.

"내가 공부하지 못했던 것은 놀러 가자고 한 친구 A군 때문이다"

이와 같은 식으로 책임을 외부로 돌리려는 것을 심리학에서는 '외벌적 반응(外罰的反應)'이라고 한다.

로젠투와이크의 분류에 의하면 욕구 불만의 원인을 모두 다른 사람의 책임으로 돌리고 싶어하는 '외벌적'인 사람과 모두를 자신의 책임으로 해버리는 '내벌적(內罰的)' 사람이 있다.

두 가지 모두 참된 해결이 되지 않는다. 바르게는 비벌적 반응(非罰的反應 ; 누구의 책임도 아니다)을 보이는 사람만이 합리적으로 자타 모두에게 원만한 해결책을 찾아낼 수 있다.

그러나 현실적으로 나타나는 우리 주변의 상황은 여전히 수

내가 차에 치인 것은
모두 그녀의 탓이다.

많은 유혹이 의지를 누른다.

이 유혹의 마수를 선뜻 뿌리칠 수 없는 사람은 집중 따위는 결코 할 수 없다.

이와 같이 사물에 집중할 수 없는 성격을 가진 사람도 의외로 세상에는 많은데, 일반적으로 이것을 '의지 박약(意志薄弱)'이라고 한다.

어째서 이런 성격이 생기는 것인가. 이 성격은 어떤 특징을 가지고 있는가. 우선 이 의지 박약의 문제를 생각해 보기로 하자. 그렇게 하면 이 의지 박약이 당신 스스로에게 적용되는지 어떤지를 알 수 있을 것이라고 생각한다.

'의지 박약'인 사람은 요컨대 자아(自我)가 약한 사람이다.

자아가 확실하지 않기 때문에 곧 주위의 영향에 좌우되어 버린다. 이런 사람에게는 무엇인가를 부탁해도 붙임성 있는 대답을 해 주기는 하지만 다른 누군가가 또 다른 이야기를 하면 또한 같은 태도를 보이므로 정말로 신뢰할 수가 없다.

일을 맡겨도 오래 가지 않는다. 곧 눈을 돌린다. 웨이터를 하기도 하며, 오락실에서 일을 하기도 하고 트럭 조수를 하기도 하는 등 직장을 전전하며 바꾸지만 정직이라는 것은 없다.

반면에 이런 사람은 '사람이 좋다'라거나 '순종'이라는 장점을 인정받게 된다. 그러나 비즈니스의 세계에서는 단순하게 호인(好人)이라는 것만으로는 도저히 활동할 수 없을 것이다.

⊙ 의지 결핍의 실제 예

수의사 Y씨는 독학으로 프랑스어, 헝가리어, 중국어 등을 배워 통역과 해석을 할 수 있는 재능을 가지고 있으면서도 학창 시절부터 안정을 찾지 못하고 밖으로 나도는 일이 많고, 개업한 뒤에도 술을 마시는 등 엉망이어서 일을 1년도 계속하지 않았다.

평소에는 얌전한데 일단 술에 취하면 뜨거운 물이 든 주전자를 아내에게 던지기도 하고 싸움을 하여 유치장에 들어가기도 한다.

어렸을 때, 과보호로 자라 수의사 학교를 졸업한 후에도 집에서 빈둥빈둥 놀다가 그 후에 농대에 입학했으나 이것도 등교하지 않고 놀러만 다니다 1년만에 그만두었다. 그 후, T외국어대의 독어과 야간에 2년 동안 다녔으나 결국에는 또 그만 두었다. 그리고 25세에 결혼했으나 결혼 후 3년 뒤에 정신병원에 입원한 후부터 11년 동안 7개의 병원을 전전했다.

어렸을 때, 응석받이로 키운 아이일수록 의지가 박약해지기 쉽다.

무엇이든 친형제나 식모가 해 주는 환경에서는 자신이 결단을 내리고 일을 계속해 나갈 필요가 뭐 있느냐는 무책임과 제멋대로 인 성격이 되기 쉽다.

Y씨의 경우도 가정에 있는 동안에는 멋대로 할 수 있었으나 엄격한 규제를 받는 병원 안에 있으면 그것이 맘대로 되지 않아 다소 착실한 생활을 하게 된다.

그래서 좋아졌다고 생각하여 퇴원시키면 또다시 탈선이 시작되어 다시 입원하는 일이 반복되었던 것이다.

Y씨는 결국 30년 이상 정신병원 생활을 보낸 후에 병사(病死)했지만, 말년에는 상당히 주위에 잘 적응했다고 한다.

의지가 박약한 사람 중에는 나쁜 친구에게 유혹을 당하거나 나쁜 친구 때문에 술이나 여자, 도박에 손을 대는 사람이 있다. 그리고 중독(中毒), 더 나아가서는 도둑질 등의 범죄에 빠져드는

예도 적지 않다. 입원하고 검거(檢擧)되면 눈물을 흘리며 후회하
지만, 그것도 오래 가지 않고 계속해서 장소를 바꾸며 어리석은
행동을 반복하는 것이다.

사실 이런 성격은 대체로 유소년기의 가정 환경이 크게 영향을
주고 있다고 일컬어지고 있다.

의지가 박약한 사람의 대부분은 의외로 은혜롭고 유복한 가정에
서 자라는 경우가 많다. 사치스러운 삶에 약해져 있고 원하는 것은
무엇이든 손에 넣는다. 주변에서 돌봐주는 가족, 형제, 식모 또
할아버지, 할머니 ─ 이런 환경에서는 자신이 사고하고 판단하며
추구하는 '의지'가 발달할 여지가 없다.

다음에 그다지 은혜 받지 못한 가정이라도 지나친 보호나 익애
(溺愛), 또는 강제되는 환경에서는 의지가 발달되지 않는다. 예를
들면 조모나 편모를 둔 아이들은 이것 저것 조르고 그렇게 일이
해결되는 중에 어린이가 엉망이 되어 버린다.

그리고 부모가 극단적으로 허영심이 강한 경우나 또는 매우 공격적인 기질이 있는 사람의 경우, 어린이들은 일찍부터 자신을 잃고 지구력을 잃는 사례가 많다. 무슨 말을 해도 허사라는 생각이 어린이의 마음에 자리잡기 때문에 자신이 먼저 포기하는 것이다.

이와 같이 해서 '의지'의 발달이 결핍되고 자아의 형성이 불완전한 어린이들이 그대로 성인으로 성장하여 손을 쓸 수 없게 된다.

그러므로 이런 성격인 사람은 역시 특수한 환경이 아니면 적응하지 못한다.

예를 들면 병원이나 형무소 등에 들어가면 모범적인 환자, 죄수가 되는 것이다. 또 엄격한 여자와 결혼하는 것도 좋을 것이다.

그럼 당신은 어떨까.

"나는 그 정도는 아니었다"

"다소 그런 면도 있지만, 성장하는 과정에서 조금씩 의지가 그렇게 굳어졌을 것이라고 생각한다."

"정상적으로 일을 계속하기도 하고 가정 생활이나 사회 생활을 하고 있으므로 괜찮을 것이다."

"역시 나는 의지가 박약하다."

최후의 답을 빼고 나머지는 모두 집중력을 충분히 발휘할 수 있는 사람들이다. 안심하고 이하의 설명을 읽기 바란다.

⊙ 집중하지 못하는 사람에게는 교체가 필요

사람에 따라서는 처음부터 '나는 의지가 약하다. 그러므로 집중 따위는 하지 못한다.' 라고 생각하고 있는 사람이 있다. 그런 사람들 대부분은 단순한 게으름뱅이에 지나지 않는다. 말하자면 스스로 의지의 힘을 키우려 하지 않는 사람들이다.

어째서 그런가 하면 그것은 그 어떤 이유로 목표나 애정의 대상을 잃기도 하고 자신을 잃기도 하기 때문이다. 대량의 심신(心身) 에네르기를 방출해 버리고 그 뒤의 보급이 이어지지 않고 있다. 그래서 집중할 수 있을 정도의 에네르기가 없다고 생각해 버리는 것이다.

이와 같은 사람에게 필요한 것은 실은 집중 보다도 '교체'의 능력이라고 해도 좋다. 다른 목표나 대상을 찾아 새로운 에네르기를 보급하도록 하는 '교체'가 필요한 것이다. 교체만 하면 이상하게도 에네르기가 자연스럽게 생긴다. 나머지는 그 에네르기를 한 점에 집중시키면 되는 것이다. 이렇게 하여 비로소 '집중'이 등장한다.

어째서 이런 절차가 필요한가 하면, 심리학적으로 말해서 '억제 과잉(抑制過剩)인 사람이 자신에게 과(課)하고 있는 비좁은 틀을 뗄 필요가 있기 때문이다. 즉, 과거의 실패나 불행에 의해 자기 자신이 비관적이 되어 있는 사람은 필요 이상으로 자신의 행동에 브레이크(억제)를 건다.

그러므로 그 억제를 가능한한 제거하기 위해서는 가까이에서 달성할 수 있는 새로운 목표(욕구의 대상)를 선택하여 자신을 회복할 기회를 줄 필요가 있는 것이다.

따라서 자칭(自稱) 의욕이 박약한 사람에게는 극히 현실적으로 쉬운 행동목표가 필요하다.

조금씩이라도 그것을 착착 실행해가는 것이 자신을 구축하고 억제를 푸는 계기가 된다. 때때로 곧 무너져 버리는 경우가 많으며, 자기 비하, 자기 혐오, 불안, 불만에 빠지기 쉽다. 그러나 도달할 수 없는 비현실적인 이상(理想)을 끌어내리고 착실한 노력 목표를 한발 한발 달성해 가려고 마음을 바꾸어 먹는다면 지나친 억제는 점차 어느 정도 적어질 것이다.

이 억제 과잉과 반대로 지나친 억제 부족도 집중하기 어렵다. 또한 그것이 병적이 되면 사회 생활에도 지장이 있게 된다.

예를 들어 취하면 억제력이 풀어져 비상식적인 행동을 마구 하는 사람이 있다.

무책임한 행동을 하며 소동을 피운다. 이것이 빈번한 사람은 불안정해지고 마음이 변하기 쉬우며, 계속 이런 일을 범하면 한 가지 일에 집중할 수 없게 된다.

◉ 자아의 형성은 어떻게 진행되는가

그림 1 퍼스넬리티 구조의 분화도(分化度)

충분히 성숙한 지적 레벨
이 높은 사람의 퍼스넬리티
구조. 상당히 분화되어 있고
자아의 영역도 존재한다.

어린이나 정신박약 등
지적 분화도가 낮은 사람의
퍼스넬리티 구조. 분화가
그다지 잘 되어 있지 않은
단순한 구조로, 자아의 영역
이 분명치 않다.

인간이 성장함에 따라 자아(自我)는 점차 확립되어 간다. 살아
가는데 있어서 자신 나름대로 주체성을 갖게 된다. 타인의 감정을
이해하기도 하고 자신 그 자체를 객관적으로 볼 수도 있게 된다.
그리고 시간적 또는 공간적인 전망 — 장래 어떤 일이 일어날 것인
가, 다른 장소에서 어떤 일이 일어날 것인가 — 를 알 수도 있게
된다.

이와 같이 자아를 형성, 확립해 가는 것과 함께 의지 행위(意志
行爲)는 조금씩 확실해지고 집중하는 기술을 익혀가는 것이다.

즉, 그림 1에서도 알 수 있듯이 성장이 부족한 사람의 특성은
타인이나 자신을 이해하기도 하고 공간이나 시간을 파악하는
‘지혜’의 장소가 적다는 것이다. 그것이 성장함에 따라 지혜의
장소를 여러 가지로 만들어 간다. 지혜가 서로 혼란되지 않도록
컨트롤 타워가 작동하고 있다. 이 지령탑에 해당하는 것이 자아라
는 것이다. 그러므로 자아가 단단하면 지혜의 컨트롤 즉, 집중이

잘 되는 것이다.

⊙ 자신의 성격은 집중에 유리한가 아니면 불리한가

집중력을 쉽게 발휘할 수 있는 사람과 좀처럼 발휘할 수 없는 사람은 반드시 있다.

어느 쪽도 결과적으로는 충분히 집중할 수 있는 사람들이다.

단, 자신이 그 중 어느 쪽인가 하는 것을 잘 알아 두는 것에 따라 집중의 능률이 달라진다. 자신이 집중하기 힘든 타입이라는 것을 충분히 알고 있는 사람은 자기 나름대로 노력하여 집중 요령을 익힐 수 있는데 그렇지 않고 '나는 집중 따위는 도저히'라고 처음부터 노력하지 않는 경우가 많다.

그런데 사람의 성격에는 여러 가지 분류가 있다. 여기에서는 오늘날 일반적으로 잘 알려져 있는 크렛티머의 분류를 기반으로 하여 생각해 보기로 하겠다.

말할 것도 없이 독일의 정신 의학자인 크렛티머는 사람의 체격을 크게 '세장형(細長型)', '비만형(肥滿型)', '투사형(골격형)'으로 나누어 이 체격과 기질 사이에는 밀접한 관계가 있다는 것을 말하고 있다. 또 정신병자의 체격과 병명(病名) 사이에도 같은 특징이 있다고한다. 이들 설을 정리하여 알기 쉽게표로 만들면 다음 페이지 그림 2와 같이 된다.

일반적으로 분열성 기질〔내폐성(內閉性)기질이라고도 한다〕은 세장형에 많고, 순환성(循環性) 기질은 비만형의 경향이 많으며, 점착성(粘着性) 기질은 근골형과 관계가 있다. 물론 이것은 일반론에 지나지 않으며, 세장형에 순환성 기질이 있을 수 있고, 비만형에 분열 기질도 있다. 분열성과 점착성이 4대 6이나 7대 3으로

그림 2 체질과 기질의 관계

분열성 기질
(분열질이라고도 한다)

비사교적
말이 없음
민감하면서도 둔감
마음에 겉과 속이 있다.

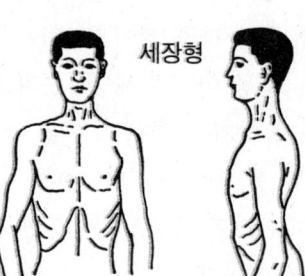

세장형

순환성 기질
(조울질이라고도 한다)

사교적
융통성이 있다.
사물에 얽매이지 않는다.
유쾌할 때와 우울할 때가
주기적이다.

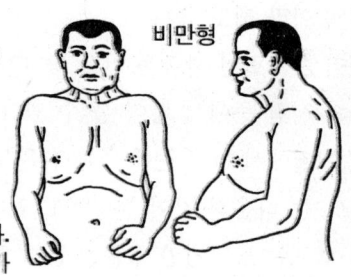

비만형

점착성 기질
(전환질이라고도 한다)
탄탄하고 꼼꼼
깨끗한 것을 좋아함
정중하지만 때로는 격노하
기 쉽다.
의리가 있다.

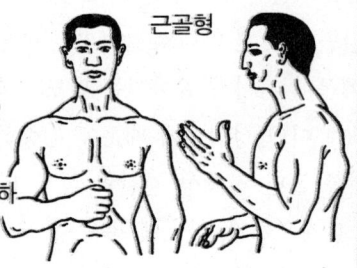

근골형

섞여 있는 사람도 있다. 그러나 이런 3대 유형을 머릿속에 넣어 두면 사람들의 성격 특징이나 행동 경향을 파악할 때 매우 이해하기 쉽고 편리하다.

예를 들면 다음 페이지 표1과 같이 대략적인 인덱스의 틀을 만들어 그 중 어디에 해당하는지를 생각해 보자. 그 사람에 대해 이제까지 알지 못했던 부분을 극히 대략적이긴 하지만 추측할 수 있을 것 같은 느낌이 든다. 실제로 그대로인지 어쩐지는 알 수 없지만 그런 재료를 사용하면 관찰의 범위에 있는 것은 '짐작' 할 수 있게 된다.

이 중에서 가장 집중력을 발휘하기 쉬운 성격은 '점착성 성질' 의 사람이라 해도 좋다.

점착성 기질인 사람은 어느 쪽인가 하면 뼈대가 탄탄하고 각진 체형의 사람 중에서 많이 볼 수 있다.

이 기질에서 가장 눈에 띄는 점은 '강한 끈기'이다. 이 점에 대해 한 교수는 다음과 같이 설명하고 있다.

'…템포는 느리지만 꾸준히 끈기 있게 어디까지나 목적을 저버리지 않고 해내는 끈기가 있다. (중략) 복싱으로 말하자면 8회전 정도부터 실력이 나오는 다소 늦은 출발이다. 꼼꼼하며 어느 것에나 집중한다. 한 마디로 말하자면 근성이 있다. 그러나 너무 집중하기 때문에 시야가 좁아지는 면도 있다.'

본래 이런 성격이기 때문에 집중하는 것은 쉽다.

예를 들면 점착성 기질의 성격이라고 일컬어지는 사람으로는 도스토예프스키, 마호멧 등을 들 수 있다.

도스토예프스키의 문장에는 난해한 요설(饒舌)이라고도 일컬어지는 대사의 반복이 계속되고 있다. 이 점에 대해 재미있는 분석이

	분열성 기질	순환성 기질	접착성 기질
체　　　형	세장형(날씬하다)	비만형(둥글고 살이 쪄있다)	근　골　형
살고 있는 세계	자신의 세계에 살고 있다.	다른사람과 함께 살고 있다.	사회통념에 산다
그　특　징	사　고	행　동	끈　기
마　　력	없　음	일시적으로 팍 나옴	오래 간다
감　　정	감정의 파도는 그다지 없다.	명랑할 때와 우울할 때가 있다.	어느쪽인가 하면 엉덩이에 열이 차 있다.
사　교　성	일반적으로 비사교적	친구가 많다.	의례적인 친구가 많다. 유명인과도 사권다

있어 인용해 보기로 하겠다.

'도스토예프스키의 문장에서는 점착성 있는, 기름진 무게를 느낄 수 있으나 도스토예프스키 문학의 중요한 요소는 그 점착성 기질자 특유의 꼼꼼한 묘사력에 있다. 그가 묘사한 내폐성(內閉性) 기질자인 니콜라이 스타브로긴도 그 자신이 그 정도의 내폐성 기질의 구조를 의식하고 있지 않았는데 그 얼굴, 몸집, 피부 색이나 행동은 내폐성 기질 그 자체라고 하지 않을 수 없었다. 이것은 점착성 기질 특유의 기술의 정확함에서 오는 것이다.

현대 우리 나라에는 우수한 내폐성 기질의 작가가 점차 적어지고 있다. 글을 쓴다는 힘든 노동을 견디내기 위해서는 상당히 점착적인 소질이 있어야 한다.

아무튼 작가이든 학자이든 또는 비즈니스맨이든 무엇인가 큰 노작(勞作)을 해내기 위해서는 끈기, 집중력을 유지해야 한다고 보아도 좋을 것이다.

적어도 점착성 기질인 사람은 태어나면서부터 어느 정도의 마력이나 스테미너에 혜택을 받고 있고 정력적인 일을 해낼 수 있는

활력도 내기 쉽다고 할 수 있다. 스포츠 세계나 또는 심한 긴장을 요하는 일(파이롯트나 카레이서 등)로 머리를 어지럽히는 사람은 대부분 점착성 기질을 가지고 있다고 해도 좋을 정도이다.

또 화려하지는 않지만 현업 기능(現業技能)을 중시하고 생산 활동을 계속하고 있는 기업, 예를 들면 전력, 철강, 운수 업계에서 일하고 있는 사람들에게도 점착성 기질인 사람이 과반수를 차지하고 있는 경우가 많다.

◉ 성격에 따른 집중에 '버릇'이 있다

얌전한 성격의 A라는 사람과 플레이 보이인 B라는 사람이 동시에 어떤 미인 아가씨에게 반해 버렸다.

두 사람 모두 그녀와의 교제에 전력을 기울였는데, 그 방법에는 대조적인 면이 있었다.

A는 집중한 나머지 잘 때는 꿈에서, 깨어서는 아침부터 저녁 때까지 열심히 연애편지를 쓰고 일이고 뭐고 다 팽개치고 모든 수단을 생각하여 그녀에게 접근하려고 한다. 그녀의 일 이외에 다른 것은 전혀 안중에 없다.

하지만 이런 것을 '집중'이라고 하지는 않는다. B의 경우에는 눈에 띄는 행동은 그다지 하지 않는다. 일도 하고 마작이나 골프도 즐기며, 그러는 동안에 틈을 보아 그녀에게 데이트를 신청한다. 그리고 조금씩 정보를 모아 축적하고 다소의 저금도 하며 적당한 기회를 본다. 그리고 기회가 무르익었다고 보이면 단숨에 프로포즈하여 결혼으로 골인한다. 키 포인트에 전력을 집중하고 있는 경우라고 할 수 있다.

이 두 사람의 방법은 일이나 놀이 등 여러 가지 면에서 마찬가지로 대조적이며 집중의 양극단의 타입을 나타내고 있다.

A와 같은 방법은 에네르기쉰한 사람, 활동적인 사람, 성가신 일을 기꺼이 하는 사람, 점착성 성질의 사람에게 공통되고 있는 것이라고 할 수 있다. 이에 비해 B와 같은 사람은 감각이 섬세하고 지적인 분열성 기질인 사람의 방법이라고도 할 수 있다.

의외라고 생각할지 모르지만 인간의 에네르기라는 것은 뻔한 것이다. 그것을 일시에 확 발산시켜 쓸 줄 아는 사람도 있지만 그다지 자신이 없어 조금씩 사용하는 사람도 있다. 어느 쪽이 오래 가느냐 하면 당연 가늘고 길게 사용하는 편이 오래 간다. 절대량은 적을지 모르지만 아무튼 안정되어 있다.

크레페린식 작업 테스트를 해 보면 비만형인 사람의 작업 곡선은 완만하게 상승하고 하강하지만, 마른 형은 여러 가지가 있어 마구 상승하는 사람, 상승·하강이 교차하는 사람, 거의 상승하지 않는 사람 등이 있다.

이와 같이 보아 가면 성격이나 체형에 따라 야구에 비유하면 전력 투구의 완투형(完投型) 투수에서부터 핀치 때의 구원형(救援型) 투수, 체인지 어브 페이스를 특기로 하는 기교형(技巧型) 투수 등 여러 가지 형의 집중 스타일이 있음을 알 수 있을 것이다. 이것을 다음에 서술한 크렛티머의 성격 분류로 설명하면 집중력 전략을 위한 다음과 같은 일람표를 만들 수 있다.

점착성 기질(粘着性氣質 ; 전력 투구)… 출발은 느리지만 점점 집중해 간다.

순환성 기질(循環性氣質 ; 일발 승부)… 돌진해 간다. 오래 가지는 않는다.

분열성 기질(分裂性氣質 ; 기교파)… 가늘고 길게 진행하면서

조건을 겹쳐 유리할 때 승부를 겨냥한다.

특히 집중이 어려운 사람을 위해 이제까지의 서술로 알 수 있듯이 공격에 따라 여러 가지 집중 버릇이 있으며, 그 요령을 익혀 두면 일을 해 나아가는 데 있어서나 노는 데 있어서 편리한 경우가 많다. 마작 상대인 A군은 일발 승부에 강하기 때문에 그 점을 특히 경계한다. 일의 라이벌인 B군은 쌓아 올리는 집중형이므로 그 장점을 배워둔다……. 여기까지는 좋은데 그럼 당신 자신은 어떤가…….

일반적으로 집중력이 결여되어 있는 사람이라든가 집중력이 없는 사람은 대별하여 다음 2가지 타입이 있다.

(1) 변덕스러운 형(순환성 기질)…활동적인 사람에게 많다.

호기심이 많아 이것 저것에 손을 대지만, 자주 질려하기 때문에 오래 가지 않는다. 이 때문에 여기에서 저기로 주의력의 초점이 이동되고 한 곳에 머무르지 않는다. 책상에 앉아 책을 읽으려 해도 단 1페이지를 다 읽기 전에 다른 것을 생각한다.

(2) 멍한 형(분열성 기질) … 비활동적인 사람에게 많다. 소위 방심(放心)의 상태를 즐긴다. 시종 멍하니 아무 일도 하지 않고 지낸다. 책을 읽으려 해도 눈만 활자를 쫓고 있고 내용이 전혀 머리에 들어오지 않는다. 끝내는 책을 베개 삼아 잠에 빠져 버린다.

각각의 특징을 여러분은 어느 정도 가지고 있는가. 이것을 조사해 보고 싶은 사람은 앞에서 소개한 집중력 테스트를 시험해 보기 바란다. 끝으로 '테스트 Ⅰ'을 성격 분류적으로 보면 네(예를 들면 ②④)와 아니오(예를 들면 먹선 처리)는 다음과 같이 분류된다.

점착성 기질인 사람…② ④ ⑥ ⑧ ⑩ ⑫ ⑭ ⑯ ⑱ ⑳ ❶ ❸ ⓫ ⓳

분열성 기질인 사람… ⑦ ⑨ ⑮ ⑲ ㉒ ❺ ❿ ⓭

순환성 기질인 사람… ① ③ ⑤ ⑪ ⑬ ❽ ❾ ⓬ ⓯ ⓰ ⓴ ㉓

신경질적인 사람…　⑩ ⑰ ⑲ ㉑ ㉒ ㉓ ㉔ ㉗ ㉘ ㉙ ⓫ ㉚

히스테리 기질인 사람… ② ⑪ ⑱ ㉕ ㉖ ㉚ ⓯ ㉗

여러분의 답은 주로 어디에 집중되어 있는가.

이 분류 중에는 점착성 기질인 경험이 강하면 강할수록 집중력의 소질이 있고 신경질적인 사람에게는 집중할 수 없는 경우가 많다는 것을 알 수 있을 것이다. 그 외의 기질에서는 때때로 경우에 따라서 어느 정도 자신을 조절할 수 있는가에 따라 집중의 승부가 달라지는 것이다.

그럼 이런 소질의 혜택을 못받고 있는 사람은 어떻게 하면 되는 것인가.

끈기는 없더라도 머리 속에 있는 집중의 작용을 잘 활용하면 상당한 집중을 할 수 있게 된다. 다음에서 그 점을 상세하게 검토해 보도록 하자.

3、집중과 그 장애

3

⊙ 집중의 장애란 무엇인가

열심히 집중하려고 해도 무엇인가에 방해를 받아 집중할 수 없는 경우가 여러 가지 있다.

"이번 주 중에 이 참고서를 다 읽지 않으면 시험에 떨어질지도 모른다."

"이번 주 내에 보고서를 쓰지 않으면 과장에게 혼날 것이다. 그런 중요한 때에 일은 잘 되지 않는다. 시계 바늘만이 빨리 돌고 있는 느낌이다. 달력의 날짜는 자꾸자꾸 다가온다. 다른 사람들은 어떻게 하고 있을까. 예정대로 잘 하고 있을까."

"아아, 나도 집중하고 싶다."

그러나 현실은 고달프다. 마음이 어수선하여 종잡을 수가 없다. 게다가 초조, 불안, 공포, 타인의 눈총……. 여러 가지 생각이 뒤얽혀 집중을 하는데 장해가 된다.

사람에 따라서는 모든 것이 다 집중의 장해가 된다.

시계의 초를 알리는 소리, 누군가의 발짝 소리, 자동차의 경적, 기계의 소음, 주위의 이야기 소리, 창 밖에서 지저귀는 새소리, 흐린 하늘 (우산을 가지고 있지 않은 사람인 경우), 어두운 조명, 지나치게 밝은 조명, 아침의 신문 기사, 전에 읽은 신문 기사……
……그 외.

소리가 신경에 거슬리면 귀에 귀마개를 하면 된다. 보이기 때문에 걱정이라면 보지 않으면 된다. 요컨대 장해를 제거할 수 있으면 그것이 가장 좋다.

그러나 성가시다고 해서 전화선을 싹둑 자를 수 없는 경우도 있을 것이다. 옷차림이 요란한 미인은 절대 보지 말라는 것도 무리한 이야기이다.

집중할 수 없는 상황이 있는 경우, 그 장해를 제거하면 상황의 '완화'가 가능해진다. 그러나 다음 장해가 또 일어날지 모른다.

윌리엄 딘 호웰이라는 소설가는 '끊임없는 소음 속에서 자던 사람은 조용하면 잠이 깬다'라고 말하고 있다. 분명히 어시장의 중매인, 조선소나 제철소의 공원(工員) 등은 소음이 멈추고 갑자기 정적이 계속되면 '어, 왜 이러지.'라며 오히려 이상하게 생각한다.

결국 마음이 쓰이기 시작하면 끝이 없다.

그러므로 마음을 어지럽히는 것의 정체를 알아도 그다지 안심할 수가 없다.

잡음을 떨쳐버려도 신경이 쓰이는 것은 얼마든지 있다. 이것을 '잡념'이라고 한다.

잡념을 지나치게 신경쓰다 보니 끝이 없다. 잡념을 신경 쓰지 않기 위해서는 우선 잡념에 경의를 표하고 결코 이것을 배척하지 않는 것이 중요하다. 배척하지 않으면 방해도 되지 않는다.

신경을 쓰기 때문에 더욱 신경이 쓰이는 것이다. 신경을 쓰지 않으면 된다 — 이렇게 생각해야 하는 것이다.

◉ 쓸데 없는 것은 제거하라

우선 첫째로 집중을 하는 데 있어 쓸데 없는 것은 가능한한 제거하거나 축소하거나 약화시켜 둘 필요가 있다.

예를 들면 특정한 책을 읽는다거나 일정한 서류를 만들거나 하는 경우, 다른 책이나 서류는 모두 치워버리는 것이 제일 좋다. 창 밖에 네온이 반짝거려 신경이 쓰이면 창의 브라인드를 내려버린다.

⊙ 조건 반사를 이용하라

다음에 만일 소음이 신경쓰여 집중할 수 없는 경우인데, 그 소음을 제거할 수 없다고 하자. 얼마간 소음이 있다고 하더라도 신경 쓰지 않고 집중할 수 있도록 집중력을 훈련할 수 있다.

그것은 소음 속에서 무엇인가 흥미 있는 서적, 예를 들면 추리 소설이나 여행을 좋아하는 사람이라면 기행 문학을 적어도 일주일 정도 계속해서 읽어본다.

그러면 어느 사이엔가 소음에 신경 쓰지 않고 책을 읽을 수 있게 된 자신을 발견하게 된다. 그러므로 '소음 속에서 책을 읽어도 신경 쓰이지 않았다.' 라는 조건을 만들게 되는 것이다. 그 후에는 소음 속에서 다른 일을 해도 이전처럼 소음에 신경이 쓰이지 않게 된다.

책에 관심이 없는 사람은 '암산'의 연습도 좋다. 소음 속에서 '10' 이하의 임의의 수를 취해 그 숫자에 계속 7을 더해 그 누계(累計)가 1,000이 될 때까지 계속한다.

예를 들면 6에서 시작하면 13, 20, 27, 34, 41, 48, 55……라는 식으로 7을 더해 가는 연습을 한다.

이것이 쉽게 되면 반대로 1,000에서 계속 '7'을 빼가면 된다.

993, 986, 979, 972, …… 이것이 제로에 가까워질 때까지 하다 보면 소음이 신경 쓰이지 않게 되며 암산에 집중했다는 자신감이 생기게 된다.

⊙ 자신만의 시간을 가져라

집중하여 무엇인가를 이루려고 할 때는 가능한 고독한 환경을 만드는 것이 바람직하다. 자신만의 시간을 가질 필요가 있다. 그를

고독한 시간이 세계를 변하게 한다.

위해서는 사람에 따라 여러 가지 방법을 생각해야 한다. 소음이 심한 도회에서도 의외로 조용한 곳은 있는 것이다.

공원 의자, 영화관의 로비, 미술관의 정원, 도서관, 찻집, 공화당의 옥상, 호텔방, 해변 또는 산 위.

요컨대 고독이야 말로 집중을 낳는 데 있어 가장 좋은 기반(基盤)인 것이다.

아르키메데스는 임금으로부터 왕관 속의 불량 금속을 조사하라는 명을 받고 고민하던 끝에 어느 날 이른 아침 '목욕탕'에 가서 혼자 명상에 잠겨 있다가 마침내 그 유명한 아르키메데스의 원리를 발견하여 '알았다. 알았어'라며 벌거벗은 채 마을을 뛰어 다녔다고 한다. 따뜻한 욕조에 잠겨 눈을 감고 생각에 잠겨 있을 때의 좋은 기분도 상당한 것이지만, 그렇게 하면 어려운 문제를 푸는 데도 의외의 효과가 있다는 이야기이다.

집중하기 위해 '산책'을 하는 사람도 많다. 또한 '화장실' 안에서 명안(名案)을 떠올리는 사람도 상당히 많다.

다윈의 진화론의 착상이나 알렉산더슨 박사의 발명은 '배 안'에서 망망 대해를 바라보면서 정신 집중을 한 것으로 알려져 있다. '기차 안'에서 명안을 얻는 실업가나 정치가의 이야기도 자주 듣는다. 시대가 변했으므로 앞으로는 젯트기 안이나 자동차 안, 엘리베이터 안 등에서도 정신 집중의 실례(実例)가 늘어날 것이다.

이탈리아의 천재적 생물리학자인 갈릴레이(1564~1642년)가 시계의 원리를 발견한 것은 피사 대학에 재학중 '교회'에서 조용한 기도를 올릴 때였다. 장엄한 현실과 동떨어진 시간과 공간 속에서 교회의 샹데리아 불빛이 크고 작게 흔들려 간다.

그것을 가만히 보고 있던 중에 유명한 '추의 등시성(等時性)' 을 발견하고, 그는 이것을 맥박계(脈拍計)에 응용한 것이다. 이것 은 장소도 좋고 시간도 좋은 매우 신비하기조차 한 것이다.

또 모짜르트(1756~17691년)는 "맛있는 식사를 한 뒤나 잠이 오지 않는 밤에 산책을 할 때 등에 여러 가지 생각이 마음 속에 떠오른다"라고 하며, 실제로 〈마적〉의 5중주 멜로디는 문득 떠오 른 것이라고 일컬어지고 있다. 본래 이런 종류의 이야기는 '발명의 연줄', '아이디어 명상법', '누구든 창조할 수 있다'는 식의 내용을 담은 책을 읽으면 이런 저런 이야기가 있는데, 아무튼 공통적으로 말할 수 있는 것은 집중을 위해서는 외톨이가 돼야 한다. 어느 누구와도 접촉을 하지 말고 깊게 생각을 할 수 있는 장소가 필요 하다는 것이다. 그리고 그 장소는 연구만 하면 언제 어디에서나 찾을 수가 있다. 결국 본인의 마음 가짐에 달려 있는 것이다.

가능하면 매일 일정한 시간 그런 장소에 반드시 가서 그곳에서 정신을 집중하는 습관을 들이는 것이 바람직하다.

⊙ 피로도 집중을 방해한다

마음의 고통, 위장(胃腸)의 고통, 발열(發熱), 맥박 이상(異常) 등 몸에 장해가 있고 피로하면 주의력이 둔화되고 집중이 방해를 받는다는 것은 누구나가 알고 있다.

몸의 장해라고까지는 하지 않더라도 통근 때의 럿시, 좁은 주택, 과잉된 섹스, 작업상의 트러블, 수면 부족, 아무튼 여러 가지 원인이 계속해서 나타나 우리들은 피로에 엄습당하고 있다.

'나른하다', '의욕이 나지 않는다', '우울하다'— 이런 심리 상태에는 여러 가지 원인이 있다.

〈몸의 병〉

예를 들면 높은 열이 나는 전염병, 장티프스, 발진 티프스 등은 처음 권태감이 있고, 만성 위장염이나 위(胃)아토니, 결핵, 각기(脚氣) 등도 모두 나른함의 원인이 된다.

만일 나른함이 오래 계속 되면 의사를 찾아가 봐야 한다. 또한 빈혈이나 영양 부족, 설사 후에도 나른함이 따르는 것이다.

〈기후의 영향과 영양 부족〉

예를 들면 기온과 습도가 높은 여름에는 육체 내의 열생산이 많음에도 불구하고 그 방산(放散)이 방해되고, 그 결과 비타민 B_1의 소비량이 매우 증가하기 때문에 상대적으로 B_1 부족에 빠진다. 그 때문에 나른해져 집중할 수 없게 되는 것이다.

〈정신적인 긴장 혹은 느슨함〉

고민이나 고통 끝에 '권태'를 느끼는 경우도 있지만 나른함, 노근함으로 집중할 수 없는 경우도 있다. 몸의 피로와 피로감이란 반드시 일치하는 것이 아니다. 진짜 피로할 때인 데도 피로를 느끼지 않는 경우가 있는가 하면 반대로 피로하지 않은 데도 피로를

느끼며 "피로하다, 피로해."라는 말을 연발하는 사람도 있다.

사실 피로감은 적당히 느낀 편이 건강상으로는 좋은 것이다.

예를 들면 건강하며, 피로 따위를 전혀 느끼지 않는 사람은 그 어떤 계기로 한 번에 피로가 몰려와 쓰러져 버릴 우려가 있다. 적당히 피로를 느끼면 무리하지 않는다. 하지만 그렇게 느끼지 못하면 끝까지 체력을 소비해 버리게 되어 결국 서 있을 수조차 없게 되어 버리고 마는 것이다.

그러므로 피로하다고 생각되면 곧 휴식을 취하는 것이 바람직하다. 약이나 기호품으로 피로감을 해소하려고 하는 것은 임시적인 효과 뿐이고, 건강에 가장 효과적인 것은 수면이다.

피로하면 자라고 해도 눕지 않으면 잠이 오지 않는 경우도 있다. 그러나 잠을 자지 않아도 누워 있던 것만으로 몸은 휴식이 된다. 자지 않더라도 괜찮다. "어젯밤에는 한잠도 자지 못했다"라고 불면을 호소하는 사람이라도 그 옆에서 가만히 관찰해 보면 실은 코를 골면서 자고 있는 시간이 상당히 있는 것이다. 아무튼 편한 기분으로 누워 자기 바란다.

그리고 아침의 출근이나 통학의 경우이다. 그 시간까지 최대한으로 자고 있는 사람이 많다. 1분 1초가 그야말로 귀중하게 생각된다. 전철 안에서도 촌각을 아까워하며(?) 잠을 잔다. 이것도 좋다.

단 한 마디 다음 충고는 분명히 당신에게 프러스가 될 것이라고 생각한다.

(1) 앞으로 취침 시간과 기상 시간을 지금 보다 1시간 줄일 것

(2) 아침 식사를 반드시 들 것

(3) 그 날 일의 순서를 생각해 둘 것

(4) 잊은 물건의 유무(有無)를 조사할 것

(5) 주변의 것(의류, 미용 등)을 점검할 것

(6) TV, 신문 등의 최신 정보를 받아 들일 것

이런 배려를 매일 반복해 가면 초조함과 피로감이 해소되며, 출근 계획도 무리 없게 진행된다. 무엇인가 불의의 사고가 일어나더라도 당황하지 않고 서두르지 않으며, 여유를 갖고 합리적인 행동을 취할 수 있게 된다.

이것은 반드시 프러스가 된다. 우선 매일 아침 1시간의 '준비 운동'시간을 갖는 것이 그 날의 '집중력의 풀 발휘'를 약속해 준다.

가령 아무래도 일이나 어떤 사정으로 피로해지더라도 문제가 되는 것은 그 후의 회복력이다. 즉, 피로해지더라도 곧 회복되면 집중력은 손상되지 않는 것이다.

피로와 휴식은 모순적인 관계에 있다. 한쪽이 강해지면 다른 한쪽도 강해지지는 않는다.

◉ 머리의 피로감을 제거하기 위해서는

같은 일의 반복이 많은 단조로운 일을 계속하고 있으면 누구나 질력이 나게 되는 것은 당연하지만, 반대로 복잡하고 시간이 걸리는 일이라도 역시 질리고 피로해지는 경우가 자주 있다.

어느 경우이든 피로에 의해 마음의 긴장이 적어지고 의지가 움직여 주질 않아 주의력이 산만해지며, 결국 그 틈을 타 잡념이 끼어들기도 하고 자고 싶어지는 것이다.

이미 서술했듯이 피로를 근본적으로 제거하기 위해서는 뭐니뭐

니 해도 수면이 제일이다.

그러나 언제나 자유로이 잠을 잘 수는 없고 오히려 자고 싶어도 누울 수조차 없는 머리의 긴장 상태가 오랫동안 계속되는 경우가 의외로 많다.

이럴 때는 다음과 같은 방법으로 피로감을 제거하면 좋다.

(1) 가벼운 굴신 운동(屈伸運動)을 한다(실내 체조)… 손발이 나 어깨, 허리 등을 굴신하기도 하고 두드리기도 하며 혈액순환을 좋게 하고 근육을 푼다. 이것은 두뇌에 맑고 신선한 혈액을 불어 넣어 잡념을 쫓아내는 효과가 있다. 하품이나 심호흡도 마찬가지의 효과가 있다.

(2) 다른 일로 전환한다… 연필을 깎는다거나 공구 손질을 한다거나, 스케줄을 보충한다거나 또는 다른 종류의 가벼운 일을 해 본다. 얼마 후에 다시 먼저 번 일로 되돌아 가면 먼저의 피로는 어디론가 사라져 버리고 새로운 기분으로 일을 계속할 수 있게 된다. 만일 휴식 시간이면 일에서 손을 떼고 창 밖에 있는 먼 하늘의 구름을 본다든가 놀이나 스포츠 등으로 기분전환을 기하는 것도 좋을 것이다.

(3) 가능하면 대화나 외출 등을 한다… 예를 들면 샐러리맨이라면 동료와 담소를 나누며 기분을 풀기도 하고, 사내(社內)를 한 바퀴 돌기도 하며 이발소에 가기도 하고 화장실에서 얼굴을 씻기도 하는 것으로써 기분전환을 기한다. 이렇게 하면 피로감이 상당히 사라져 버리는데, 단 샐러리맨인 경우에는 너무 자주 하면 상사에게 눈총을 받게 된다. 가끔 할 때 가치가 있는 것이다. 그리고 잡담 중에 좋은 아이디어가 떠오르기도 하고 인간 관계도 자연스럽게 되어 갈 것이다. 상사도 기분을 푸는 것 정도라면 환영할

것이다. 특히 산책은 평범하면서도 효과가 크다는 것을 덧붙여 두고 싶다.

(4) 새로이 어려운 문제에 부딪친다 … 실은 지금까지의 상태 (질력, 피로, 산만)가 무르고 방심의 상태였음을 반성하는 것이다. 칠전팔기(七顚八起)의 정신으로 임하는 것이다. 종래에 가졌던 것 이상의 긴장을 가짐으로써 그때까지의 긴장을 해소해 버린다. 그런 긴장은 끊임없이 계속되기 때문에 문제라고 걱정하는 사람이 있을지 모르지만 걱정은 무용 지물이다. 다음 수단을 쓰면 된다.

(5) 나중에 목욕 또는 한잔… 아무튼 한 구획을 짓고 목욕을 한다든가 어른인 경우에는 약간의 술이나 담배를 든다. 목욕을 하면 적당한 술이나 담배와 마찬가지로 심신 이완이 생겨 아이디어가 생기기 쉽다고 한다. 그러므로 앞서 서술한 바와 같이 아르키메데스가 목욕탕 안에서 좋은 생각을 떠올린 것은 그야말로 목욕의 긴장 해소 기능으로 인한 결과였던 것이다.

이와 같이 긴장을 해소하는 데는 목욕이나 술, 담배 이외에 이제까지 서술한 바와 같이 차, 커피, 음악, 하품, 산책, 체조 등 여러 가지가 있다. 어느 경우이든지 생각하고 있던 문제가 막히거나 고민이나 곤혹스러움이 심해져 마음의 긴장이 생길 때 효과가 있다. 왠지 나른하고 재미가 없으며, 흥이 나지 않는 경우에는 그다지 효과가 없다.

그러므로 '하루 일이 끝난 뒤'의 목욕 또는 한 잔은 좋은 효과가 있다고 할 수 있다.

(6) 단 것, 신 것 등… 목욕이나 한 잔을 할 수 없는 경우— 즉, 미성년자인 경우나 성년이라도 공식적, 격식 있는 조건일 때

— 에는 피로를 없애는 에너지원으로써 필요한 포도당을 단 것으로 보충해야 한다.

또 과일의 신맛인 구연산은 여러 가지 영양을 몸에 받아들여 이용하는 작용이 있기 때문에 피로 회복에 도움이 된다.

이런 간식도 먹을 수 없는 조건이라면 약제라는 것이 있다. 그러나 의사의 지도 없이 약을 섭취하는 것은 위험하다.

에네르기원인 포도당을 잘 이용하기 위해서는 비타민 B_1이 필요하고, 조직 호흡(組織呼吸)을 도와 산소의 공급을 원활하게 하기 위해서는 비타민 C가 필요하다. 이것과 비타민 B_2 등을 함께 섭취하면 피로 회복에 도움이 된다.

종종 일컬어지는 호르몬제는 오히려 호르몬의 밸런스를 무너뜨려 부작용을 낳는 경우가 있으므로 함부로 남용하지 않는 편이 무난하다.

⊙ 마음에 걸리는 것을 정리하라

집중을 방해하는 장해물을 미리 제거했다고 하자. 그래도 아직 집중할 수 없는 사람이 있다.

귀에 귀마개를 하고 창에 커텐을 쳐서 잡념을 쫓으며 머리에 수건까지 감고 책을 읽으려 하지만 그 책에 몰두할 수 없다.

"TV 인기 프로그램이 보고 싶어서……."

"애인과 싸움을 하고 헤어진 것이 걱정이 되어서…"

"곧 있을 인사 이동이 걱정이 되어서……." 등등.

한때 2가지 일을 생각한다는 것은 반드시 나쁜 것은 아니다. 오히려 그런 방법으로 많은 일을 해결해 나가는 사람도 있을 정도이다.

그러나 원래 하고자 하는 일이 정지되어 버려서는 곤란하다. 달리 신경 쓰이는 일이 많이 있으면 본래의 일은 진행되지 않는다.

누구나 자신과 관계되는 일에는 신경이 쓰인다고 하지만 가능한 한 신경을 끊는 것이 바람직하다.

그를 위해서는 다음 2가지 처치가 필요하다.

(1) 우선 곧 없앨 수 있을 정도의 신경 쓰이는 것은 그 즉시 해결해 버린다.

(2) 쭉 꼬리를 물며 따라다니는 것은 잠시 마음의 빗장에 자물쇠를 채워 밀봉해 버린다.

애인과의 싸움이 신경쓰일 때, 전화 한 통이라도 걸면 정리될 가능성이 크다. 그렇지 않고 생각만 하고 있어서는 언제까지나 집중할 수 없게 된다.

아무리 TV를 좋아하더라도 공부시간엔 장해가 된다. 'TV따위를 보지 않는다고 죽지는 않는다.'라고 단호한 마음을 먹는 것이다.

어려운 작업을 내팽개친 채 골프의 즐거움을 공상하는 것도 물론 좋지 않다. 그러나 '지금 하고 있는 일을 우선 처리하지 않고서는 어차피 골프도 하지 못한다.', '아직은 일을 할 때이다. 일이 끝난 다음 충분히 즐기자.' 그렇게 단단히 결심할 때 일에 새로이 임할 수가 있는 것이다.

당신이 자신의 생각, 희망을 어느 방향으로 이끌어 나갈 것인가 그 중심만 단단히 잡고 있으면 이런 종류의 공상과는 간단히 종지부를 찍을 수 있을 뿐만 아니라 정신 집중을 강화시킬 수 있을 것이다.

이 점을 다음 장에서 좀더 파헤쳐 설명해 보기로 하겠다.

4、집붕의 구조

4

⊙ 집중이란 몰아(沒我)이다

어떤 일에 열중하는 것을 일반적으로 '몰아' 또는 '자신을 잊는다'라고 한다. 자아(自我)의 가장 강력한 주장이 집중이라면 그 집중의 가장 강력한 발현은 자아의 망각이라는 말은 얼핏 보면 모순인 것 같은 느낌이 든다. 몰아는 방심이나 산만이 아니다. 양자는 분명히 근본적으로 이질적(異質的)인 것이며 '무엇인가를 성취하느냐 어떠느냐'로 결과가 확실히 달라진다.

집중력이 뛰어난 어떤 사람은 바둑 대국 때 몰입할 뿐만 아니라 마작이나 놀이 때에도 마찬가지여서 몰아의 경지에 빠져 들어 다른 일은 일체 신경 쓰지 않게 되는 것이다.

이에 비해 자주 "아파트촌에 살면 이웃집들이 시끄러워서 좀처럼 편하게 의자에 앉아 책조차 읽을 수가 없다."라고 환경을 이유로 공부 부족을 변명하는 사람도 있다. 그런 사람들에게 들려 주고 싶은 이야기가 있다.

무엇에든지 흠씬 몰입하라고 말하려는 생각은 아니다.

서력 기원전 212년 아르키메데스는 시칠리아섬의 시라키우스가 로마군의 공격을 받았을 때, 이를 방위하려고 방위 시설 측량과

계산에 열중하고 있었다. 너무 그 일에 몰입하여 있었기 때문에 적군이 바로 옆에 온 것도 알아차리지 못하고 마침내 그 장에서 죽음을 당했다는 이야기이다. 집중한 나머지 다른 것에 신경을 쓰지 않는다고 해도 이 정도가 되면 지나친 것이 아닐까. 애써 방위를 생각하면서 국부(局部)에 얽매여 총본(總本)으로써의 방위가 소홀해져 있었던 것이다.

실은 얼핏 보기에 '집중'하고 있는 것 같이 보이지만 사실상 집중이라고 말할 수 없는 현상은 비단 이 뿐만이 아니라 여러 가지이다. 달리 서술할 '편집광(偏執狂)도 바른 의미에서의 집중이라고는 할 수 없다.

⊙ 집중을 담당하는 뇌의 조직

우리들 머리 속에는 의식과 주의력을 집중시키기도 하고 분산시키기도 하는 작용을 담당하는 부분이 있다. 이 뇌의 구조의 특징을 잘 알아 두면 집중 방법의 요령을 잘 알 수 있게 된다.

우선 대뇌 속에는 전두연합야(前頭連合野)라는 곳이 있다.

…우리들을 인간으로서 행동하게 하는 전두연합야의 소프트 웨어는 한편으로 활동을 증강(흥분)하도록 작용하고, 다른 쪽으로는 감약(억제)하도록 작용하고 있다.

전자에 의해 구현되는 프러스 정신이 의욕, 의지, 창조의 정신이고 후자에 의해 구현되는 마이너스의 정신은 인내, 억압, 억지의 정신이다.

자주 이용되는 끈기라는 것은 이들 정신 활동의 내구력, 지속성이다. 그리고 이들 프러스나 마이너스의 정신을 총괄하여 우리들은 의지력이라고 부르고 있다. 또 기도라는 말을 자주 사용하는

점점 열중하다가……

데, 자신의 능력 한계를 돌파하려는 바램, 지속하는 의지를 말한다. 이 의지력 내지 지속하려는 의사라는 것이 잘 작용하면 집중할 수 있는 것이다.

그런데 그 집중 방법에 대해 다음과 같은 설명이 있다.

…이 주의의 집중이라는 것은 어떤 식으로 이루어지는 것일까. 종래는 대뇌피질(大腦皮質)에 갖추어져 있는 기묘한 조정 작용(調整作用)에 의해 실시되고 있다고 생각되어졌다. 그러나 최근의 뇌생리학 연구에 의하면 감각의 신호가 뇌로 보내지기 전에 이 조정이 실시되고 있고 게다가 뇌간부(腦幹部)의 망상체(網樣體)가 이 장치에 중요한 역할을 하고 있다고 한다.

이 망상체에 대해서는 다음 그림 3을 보기 바란다.

연수(延髓)에서 교(橋), 중뇌(中腦) 등의 뇌간부의 중심부, 망목상(網目樣)으로 사선을 긋고 있는 부분. 이 장소는 신경 세포가 망목상(網目狀) 으로 되어 있기 때문에 망상체 라고 불리우고 있다.

이 망상체 부분이 머리에 활(活)을 넣는 포인트가 된다고 일컬어지고 있다.

우선 감각기에서부터 보내져 전해진 감각 신호는 감각신경로(感覺神經路)를 지나 그대로 대뇌피질의 감각을 담당하는 분야로 보내져 어떤 종류의 감각을 맛보는 것이다.

그런데 이 감각신경로는 또한 망상체에도 가지를 내고 있고, 감각 신경로를 통해온 신호가 이 망상체에도 작용하고 있다는 것을 알았다.

게다가 이 망상체에 작용하면 거기에서 새로운 신호가 만들어지며 이것이 시상하부(視床下部)를 지나 새로이 대뇌피질로 보내진

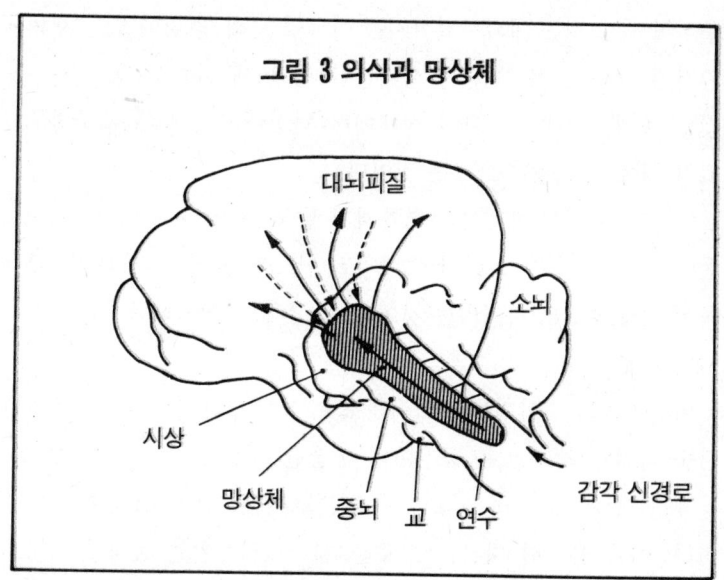

그림 3 의식과 망상체

다는 것이 실험 결과 분명해졌다. 그러므로 여기에 보내지는 신호가 약해지기도 하고 적어지면 의식 수준도 떨어지고 멍청해진다. 그러므로 머리를 산뜻하게 움직이기 위해서는 가능한 밝은 곳, 소리가 들리는 장소 등이 좋다는 말이 된다. 그런데 이것이 독단적이 되면 그 지나친 부분에 신경이 쓰이기 때문에 아무 일도 안된다.

요컨대 이 망상체가 우리들 의식을 집중적으로 좁혀 가는 작용을 하고 있는 것이다.

예를 들면 '어떤 일을 하면서 동시에 또다른 일을 하는 사람들'은 방법에 따라서는 대뇌피질에 망상체를 통과시켜 공부쪽으로 집중시키고 있는 한 공부의 능률을 올릴 수가 있다. 그런 사람에게 있어서는 TV나 라디오의 소리 등이 일단 귀로 들어가도 공부의 주역이 되고 있는 대뇌피질까지는 이르지 못해 창 밖에 있는 새의 지저귐 정도인 것이다. 이 새의 지저귐 덕에 다른 잡음은 아무 것도 들리지 않는다. 그런 상태에서 안심하고 공부에 집중하고 있기 때문에 능률이 오르는 것이다.

그러나 방법에 따라서는 역효과가 날 수도 있다. 라디오나 TV 쪽이 재미 있어져 그 쪽이 대뇌피질 안으로 들어가 버리면 공부 쪽이 밖으로 밀려 나버리는 것이다. 망상체는 한때 하나만 통과시키기 때문이다.

마찬가지의 이야기는 백그라운드 뮤직에 대해서도 할 수 있다. 단순 작업을 하고 있는 공장이나 혼잡한 아침 터미널, 역 등에서 경쾌한 멜로디를 흘려 보내면 단조감(單調感)이나 초조감이 적어진다. 이들 음악이 자극(단조로움)에 커텐을 치는 효과를 하고 있다. 즉, 망상체는 본래의 작업이나 통근을 위한 일에 의식을 집중시키고 다른 자극을 차단하고 있는 것이다.

이것이 만일 야구의 실황 방송이나 뉴스 등 변화가 심한 것, 마음을 쓰이게 하는 것이라면 반대로 그것이 주의를 끌게 되어 일에 대한 집중은 불가능해져 버린다.

인간은 2가지 것에 동시에 주의를 집중할 수 없다는 것은 이 말이다.

어떤 한 점에 집중해 버리면 다른 의식은 상당히 엷어져 버린다. 운동회에서 엎어지고 넘어져도 그때는 오로지 하고 있는 운동에만 신경이 쏠리고 있기 때문에 아프지도 아무렇지도 않다. 나중에 다친 상처를 보면 아파진다. 그때는 집중력이 없어져서 여러 가지 자극을 느끼기 때문이다.

따라서 대뇌피질의 망상체로의 작용을 없애면 우리 의식은 감각

자극의 파도에 떠도는 부초(浮草)와 같이 될 것이다. 그 모습은 대뇌피질이 아직 발달되어 있지 않은 어린 아이에게서 볼 수 있다.

아이와 어른의 차이는 이런 의식을 집중시키는 힘을 대뇌에 갖추고 있느냐 그렇지 않느냐 하는 것으로 알 수 있다. 집중력을 조절할 수 있는 사람은 고난에 대한 인내력이 강하다.

암시와 설득에 의한 무통 분만(無通分娩)이라는 것도 이런 의미에서 대뇌의 집중력을 활용하여 아기의 출산에 모든 것을 집중하여 통증을 느끼지 않는 것이다.

⊙ 변화가 있는 것이 대전제 — 변화가 없는 환경에서는 집중할 수 없다 —

미국의 맥길 대학의 햅이 실시한 실험은 작은 방 침대에 피험자(被驗者)를 눕히고 아무 것도 보여주지 않고 아무 것도 들려주지 않고, 손에 아무 것도 닿지 않게 한 채로 5일 동안 인간을 가두어 두면 어떻게 될지를 실험하는 것이었다.

이런 삭막한 환경을 2일 이상 견뎌내지 못한 사람도 있었다.

처음에는 자기만 하고 있더니 하루가 지나자 잘 수도 없었다. 그들은 지루하고 안정을 잃어 아무 것에도 사고를 집중할 수 없게 되었다.

지능 테스트를 해 보니 지능이 퇴화되어 있음을 알았다. 또한 그들은 때때로 환각(幻覺)으로 괴로워했다. 그 방에서 해방되었을 때는 사물이 불명료하며 불안정하게 보였고, 선을 똑바로 그리지 못하고 거리 감각도 분명치 않았으며 또한 주위가 빙글빙글 돌고 있는 듯한 현기증을 느꼈다.

비슷한 실험인데, 다른 실험에서 전혀 소리가 들리지 않는 방에 인간을 넣은 경우에도 역시 집중력을 잃고 점점 사고의 맥이 떨어져 혼란 상태를 일으켰다.

소아마비, 골절, 심장병 등 때문에 움직일 수 없게 된 환자가 장시간 한정된 단조로운 환경에 처박혀 있는 경우에도 종종 이와 비슷한 집중력 상실 상태가 일어난다.

그러므로 정상적인 의식이나 집중력은 끊임없이 변화하는 환경에 있을 때 비로소 얻을 수 있게 된다는 것을 알 수 있다. 변화하지 않으면 집중력이 퇴화되고, 주의(注意)가 동요되고 결여되며, 정상적인 지각이 없어져 간다.

최근의 연구에 의하면 이런 환경이 유아일 때 생긴 경우, 인격 자체에 큰 영향을 미친다는 것을 알았다.

어떤 생후 7개월 된 유아의 예이다. 이 아이는 약 2주 동안 병원에 입원한 적이 있었는데, 그 동안 약간의 것밖에 볼 수 없었고 놀아주는 사람도 있었다. 이와 같이 변화가 없는 환경 속에 있던 결과, 퇴원한 후에는 사물이나 사람에게 주의를 집중하지 못할 뿐만 아니라 어머니에게조차 관심을 보이지 않는 상태가 몇 시간에서 며칠씩 종종 있었다고 한다.

그 후, 변화 있는 환경에 옮겨졌지만 그래도 상당히 적응하기가 어려워 식사나 불안 등의 상태가 계속 되었다. 그런데 같은 시기에 같은 병원에 입원했던 다른 유아는 자유로이 움직일 수 있었기 때문에 그런 상태에 빠지지는 않았던 것이다.

⊙ 의지가 지속되지 않는 것은 망각 때문 — 마음의 긴장이 풀리면 집중할 수 없다

그런데 일반적으로 일단 의지가 움직이면 그것은 상당히 장시간에 걸쳐 지속되는 것이다.

예를 들면 레빈의 실험에 의하면 "내주 강의로 교실에 들어가기 전에 계단을 2번 오르도록 하세요."라고 지시했더니 대다수의 학생이 이를 실행했다. 이와 같은 대수롭지 않은 지시조차 1주일 동안은 잊지 않고 지속되는 것이다.

그런데 이와 같은 의지의 지속을 방해하는 것이 몇 가지 있다. 그 한 가지가 '망각'이다.

아내로부터 출근 도중에 엽서를 부칠 것을 부탁받은 남편이 주머니에 엽서를 넣은 채 귀가한다. 이 경우, 의지는 망각에 의해 방해받고 있는 것이다.

레빈이나 비렌바움은 어린이에게 일련의 작업을 시키고 마지막으로 용지의 여백에 자신의 이름과 날짜를 쓰도록 했다. 작업 종료 후에 바로 이름을 쓰는 경우에는 거의 잊는 일이 없지만, 작업 종료에서 제출까지 2~3분의 휴식을 주고 천천히 쓰게 하거나 다른 작업을 시키거나 하면 그만 이름을쓰는 것을 잊어버린다. 이와 같이 관심이 다른 것으로 이동되면 의지는 지속되지 않는다. 그 이유는 한 가지로, 일에 집중하고 있던 마음의 긴장이 풀려 버리기 때문이다.

애써 수첩에 데이트 날짜나 장소를 쓴 것을 그 쓴 것 자체로 안심하고 긴장이 풀려 약속을 잊어버리는 경우가 자주 있다.

이것은 아직 '의욕'이 충분치 않다는 증거이다. 진짜 의욕이 나면 기억 재생 작업을 끊임없이 반복하게 된다. 재생하지 않는 기억은 녹이 슬어 망각되어 버리므로 기억을 끊임없이 되살려낸다. 이것이 '진심' 또는 '의욕'을 나타내는 것이다.

자주 손가락으로 글자를 쓰기도 하고 또는 손가락을 기억 힌트로 삼기도 하여 기억하는 것이 효과적이라는 말을 듣는데, 그 이유는 손가락은 끊임 없이 자신의 눈에 띄어 시종 기억재생 자극이 되기 때문이다. 책을 읽는다거나 글을 쓸 때마다 5개 손가락을 자신 앞에 내민다.

그러므로 암기해야 할 항목을 5개씩 분해하여 써넣고 손가락을 보면서 기억해 가고 또 손가락을 볼 때마다 반복해서 글도 보게 된다.

수학 공식이나 역사상의 사건, 약의 성분도 기억을 촉진시킬 수 있다. 손가락이라는 가까이 있는 대상에서 재생(再生)의 자극을 구하고 거기에 암기력을 집중시킬 수 있으므로 성공하는 것이다. 그래도 집중할 수 없는 사람이라면 기억은 도저히 무리이다.

⊙ 자아와 의지 — 어른과 아이의 차이 —

결국 어떻게 주의를 집중시킬 것인가 하는 것은 연구해 가다보면 의지와 자아를 어떻게 굳혀갈 것인가 하는 문제가 된다.

의지라는 것은 즉 자아의 발현이다.

자아가 확립되어 있지 않은 사람은 의지가 탄탄하지 못하다.

예를 들면 아이의 경우, 자아 확립이 되어 있지 않기 때문에 집중력도 충분하지 않다.

단 아이의 나이에 따라 집중력이 조금씩 발달해 가는 것을 알수 있다. 즉, 나이가 들어감에 따라 자아에 기반을 둔 의지 행동이 확실해져 간다.

유치원이나 국민학교 저학년 어린이들이 자유 시간에 어떤 행동을 하는지 관찰해 보면 된다. 이 연대에도 거기에 어느 정도의 집중 현상을 볼 수 있다. 줄넘기를 하고 있는 아이, 도깨비 놀이를 하고 있는 아이, 모래장난이나 그네에 열중인아이…… 각각 10분에서 30분 정도 집중적으로 놀고 있다. 이것은 3, 4세의 유아가 장소가 정해져 있지 않은 놀이를 하고 있는 것과는 다르다.

그러나 그렇다고는 하더라도 그 아이들에게 2, 3일 같은 놀이를 강제로 시켜도 듣지 않는다. 그 정도의 의지행동을 지속할 만큼의 집중력이 갖추어져 있지 않기 때문이다.

그러나 중학교, 고등학교 학생이 되면 며칠 동안 계속해서 야구나 농구를 계속할 정도의 의지 행동(체력은 별도로 하고)은 아무 것도 아니다. 대학생이 되면 낮이든 밤이든 문학 서적에 열중하기도 하고 3, 4년 동안은 같은 스포츠에 청춘을 쏟는 사람도 많아진다.

일반적으로 의사 행위 라는 것은 마음 속에 양심 (초아 ; **超我**)

이라고 불리우는 것이 생겨 그것이 마음 속에 어떤 한 가지 욕(欲)인 '아(我)'와 싸워 마침내 양심쪽이 이겨 그 명령에 따라 행동하는 것이라고 일컬어지고 있다.

유아에게는 아직 이와 같은 '아'를 누를 정도의 양심은 자라 있지 않다. 그러므로 자신의 욕이 조절되지 못하여 제멋대로 굴게 된다.

예를 들면 유아가 열심히 모래 쌓기나 나무토막 쌓기에 열중하고 있다고 해서 그것을 집중력의 발현이라고는 하지 않는다. 유아에게는 집중을 조절할 수 있을 정도의 의지 행동이 없고 다만 멋대로 현상에 매달리고 있을 뿐이다.

일반적으로 어린이들은 생각나는 대로, 멋대로 행동을 한다. 무엇인가 옳지 않은 장난을 하다가 야단을 맞으면 잠시 그만 두지만 곧 또 그것에 매달리게 된다. 부모들이 "엄마가 한말 또 잊었니?"라고 설교해도 그것은 무리이다.

어린이들은 한때 얌전해져도 마음 속으로 이해하고 있는 것이 아니기 때문이다. 집중이라는 '아(我)'를 조절할 능력이 없으므로 설교를 해도 효과가 없는 것이다.

그런데 적어도 국민학교 4학년 이상이 되면 조금씩 의지 행동을 할 수 있게 된다. 사회 생활을 해 나가는 중에 제멋대로 굴어서는 안된다는 것을 알게 되어 자신의 욕구를 누르기도 하고, 사회의 압력을 바른 것으로 받아들일 줄도 알게 된다. 이 단계에서 비로소 '설교'를 듣기 시작한다. 그때까지는 이론적인 설교를 이해하지 못한다. 유아에게 좋은 행동을 시키고 싶으면 설교 대신 '습관'으로 몸에 배도록 해야 한다. 체벌도 필요한 경우가 있다.

어른의 경우에도 의지가 박약한 사람에게는 역시 상당히 강제적

인 힘으로 '습관'을 들일 필요가 있을 것이다. 의지 행위(意志行
爲)를 잘 할 수 있는 사람이라면 자신이 충분히 납득한다면 집중
력의 조절이 어렵지 않을 것이다.

집중할 수 없는 사람은 그러므로 결국 마음 속에 있는 '초아
(超我)'가 약하여 욕망이나 유혹에 마음이 흔들리고 있다고 할
수 있다. 그 흔들리는 상태는 보통 '산만'이나 '방심'이라는 현상으
로 나타난다.

주의가 한 곳에 집중되지 않는 것을 '산만'이라고 한다.

대부분의 어린이는 특히 어릴수록 산만한 상태에 있다. 주의가
통일되지 못하고 마음이 곧 흐트러진다. 예를 들면 선생님의 이야
기를 들으면서도 창 밖의 새소리에 귀가 쏠리고, 천장에 걸린 거미
줄을 생각하며 옆자리의 아이를 찌르기도 한다.

어린이라도 신경 쇠약이나 피로가 심한 경우에는 산만해진다.
정신이 산만하면 독서나 사색 등에 집중할 수 없게 된다.

이 산만과 비슷하지만, 다른 상태인 것이 '방심'이다. 이것은
본래 주의력 그 자체를 잃은 것이다.

이것은 산만할 때와는 반대로 주위에 아무런 관심도 갖지 않는
다. 분열증(分裂症)이나 우울증, 신경 쇠약 등에서 볼 수 있다.
"머리가 띵하고 멍하다. 아무 것에도 흥미가 없다."라고 한다.

머리는 언제나 무겁고 손발은 나른하며, 귀엔 아무 말도 들어
오지 않고 입은 벌어져 있다. 다른 사람이 다가가도 아무런 반응이
없다.

요컨대 눈도, 입도, 손발도, 마음도 다 제각각인 것이다.

◉ 눈과 귀와 입을 함께 사용한다

역으로 말하자면, 주의력을 한 곳에 집중시키기 위해 효과적인 것은 모든 감각 기관을 총동원하는 것이다. 예를 들면 라디오는 귀로 듣지만 TV는 귀와 눈, 양쪽이 동원된다. 어느 쪽이 주의력(注意力)을 끄는 힘이 큰가 하면 TV쪽이 크다. 영어 단어를 외울 때, 눈으로 읽지 말고 소리를 내어 발음을 들으면서 외우면 상당히 효과가 있다.

책을 읽는 경우(취미나 여가가 아닌 일이나 공부인 경우) 줄을 긋거나 입으로 읽는 것도 같은 효과가 있다. 의문이 나는 곳이 있으면 "뭐지, 이것은 어떤 의미가 있을까."라고 소리를 내어 말해 본다. 눈, 귀, 입을 총동원하여 한 가지 일에 임하는 것은 매우 효과적인 방법이다. 골프나 볼링이나 춤 등 '몸'으로 익혀야 하는 것은 문자 그대로 몸의 기관, 근육, 신경 등을 총동원한다. 이론을 더듬으면서 전신의 기능을 모두 작동시켜 동작에 집중하지 않고서는 빨리 능숙해지기 어렵다.

그러므로 이와 같은 심신의 기능을 어떤 한 점에 집중시키는 기능을 향상시키기 위해서는 어떻게 하는 것이 좋을지 한발 더 나아가 여러 가지 집중기술을 다각적으로 검토해 보기로 하자.

5、욕구에 서열을 두어라

━━━━━━

(1) 목표를 갖고 무엇을 하고 싶은지 명확히 하라.

(2) 욕구를 만족시킬 마무리를 생각하라.

(3) 자신에게 어울리는 목표 체인을 만들어라.

(4) 항상 목표를 갖고 있는지 살펴봐라

(5) 욕구에 순서를 두고 그에 따라 목표를 분할하거나 한정하라

(6) '이것 저것 욕심을 부리다 두 가지 다 놓치는'일이 없도록
하라.

(7) 정신통일 훈련을 하라.

━━━━━━

5

◉ 현실적으로 무엇을 하고 싶은지 분명히 하라

"1년 계획은 설날에 있다."라고 하니 "1년 계획은 깨지기 위해 있다."라고 누군가가 대답하여 웃은 적이 있다.

분명히 일기장은 대부분 정월 며칠 동안은 칸이 빽빽할 정도로 메워져 있지만 그 후로는 엽서나 편지가 끼워져 있는 것이 보통이다. 현재 개인 일기의 월일란에는 대부분 365일분이 못되는 경우가 많다. 꼼꼼하여 한칸 한칸 메워 가는 성격의 사람이라면 개인 일기에 매력을 느끼지 못할 것이다.

아무튼 한해의 계획은 일기를 매일 계속해서 쓰겠다거나, 금주 (禁酒)를 하겠다거나 체조나, 마른 수건 마사지 등 웅장하게 세웠다가 도중에서 좌절되고 마는 경우가 많을 것임에 틀림없다.

어째서 실패하는 것일까.

우선 맨먼저 말할 수 있는 것은 너무나 현실과 동떨어진 목표는 역시 실패하기 쉽다는 것이다. 몇 번이나 그런 목표를 세웠다가 실패하고, 또 그 때마다 자기 혐오에 빠질 바에는 아예 그런 목표를 깨끗이 잊어버리는 편이 좋다.

좀더 현실에 입각한 목표 또는 세분화된 목표를 생각하여 자신에게 적당한 목표를 세워야 한다.

그를 위해서는 '목표 의식은 분명히 한다'라는 것이 제일이다.

어떤 유명한 출판사 사장이 일찍이 이런 말을 했다.

"돈을 많이 벌고 싶어하는 사람은 무수히 있다. 그러나 당신은 얼마를 원합니까? 라고 물으면 곧 대답하지 못하는 사람이 적지 않다. 이런 사람은 절대 돈을 벌 수 없다."

아무리 원한다는 대답을 한다 하더라도 돈을 벌 수 있는 것은 아니다. 그러나 목표를 분명히 해 두고 있으면 그를 달성할 기회도 늘어난다는 것이다. 목표가 만원이라든가 10만원이란 식으로 분명히 해두지 않으면 돈을 벌 수 없다.

언제까지 100만원이란 목표를 정한 후에 그 달성 방법을 생각하고 10원이든 20원이든 모아 가는 아이디어를 짜내어 실행해 가면 된다.

무엇을 위해 하는가, 무엇을 할 것인가, 그것은 무엇에 도움이 되는가 등 모든 일을 목적을 가지고 추진하며, 반드시 그대로 추진해 간다는 것은 어려운 일이다.

심한 경우에는 10년 동안이나 같은 일을 하고 있는 사람에게 "당신은 무엇 때문에 그 일을 합니까?" 라고 물으면 아무 대답도 하지 못하는 경우도 있다. 이런 사람은 어떤 면에서 인생의 낙오자라고 할 수 있을지 모른다.

◉ 성공이란 무엇인가

'이번 주 동안 이 정도의 일을 마무리 하자.'라고 생각한다면 그것도 목표가 된다. 바꾸어 말하면, 목표란 우리들이 장래 어디까지 도달하길 원하는 수준이다. 이것을 심리학에서는 욕구 수준

그림 4 욕구와 심적 긴장의 관계

욕구의 발생
(=긴장의 발생)

⇓

특정 대상이 매력을 나타낸다. ⟹ 대상의 획득
(=목표의 설정)　　　　　　　　　(=목표의 달성)

⟹ (행동) ⟹ 욕구의 충족　　⟹ 대상의 매력이 없어진다.
　　　　　　　(=긴장의 해소)　　　(=목표의 소실)

(欲求水準)이라고 부르고 있다.

　실제로 이 욕구 수준에 만족하면 우리들은 성공했다고 느끼고, 이것이 만족되지 않으면 실패했다고 생각한다. 즉, 성공이나 실패라고 해도 이것은 본래 주관적인 것이며, 목표의 높이와 실천과의 비교에 따라서는 같은 현상을 성공이라고도 부르고 실패라고도 부를 수 있다.

　예를 들면 골프를 생각할 때, 1라운드 100을 치고 싶은 생각을 갖고 있는 사람이 현실적으로 90이라는 점수를 내면 대성공이라고 생각하겠지만, 그런 스코어는 싱글 플레이어에게 있어서는 큰 실패의 점수일 뿐이다.

　그렇다면 목표를 항상 낮게 잡고 반드시 그것을 달성할 수 있도록 하면 성공감이나 만족감을 맛볼 것이 아니냐 라고 말하는 사람

욕구 수준이 너무 높은 사람은
항상 실패감이나 불만이 크다.

이 있을지 모르지만 그것은 그렇지가 않다. 목표는 적어도 과거의 실적과 같거나 또는 그 이상의 수준이 아니면 매력을 잃는 것이다. 바꾸어 말하면, 충분히 만족되는 욕구를 잡지 않으면 목표가 정해지지 않는다.

따라서 목표의 설정·달성의 과정을 심리학적으로 설명하면 다음과 같이 된다.

우선 현실적으로 우리들 주변에서 무엇인가 불만족한 상태를 발견한다. 그러면 우리들 마음 속에 '욕구'가 발생한다. 이 욕구 발생에 의한 심적 긴장 상태를 극복하기 위해 우리들은 욕구에 일정한 수준(목표)을 설정한다. 즉, 특정 대상을 매력 있는 목표로 선정하고 그를 향해 행동을 추진해가는 것이다. 또한 이 대상을 획득하면 긴장이 해소되고 욕구가 충족되어 목표가 소실된다.

이와 같이 행동의 배후에는 대부분 욕구가 있다. 행동은 욕구를 만족시키는 수단이라고도 할 수 있다. 단, 그 욕구를 어떤 식으로 만족시키느냐에 따라 행동에 상당한 차이가 생기게 된다. 그것은 즉, 행동의 목표를 어떻게 잘 설정하느냐가 중요한 문제점이 된다는 말이다. 목표를 잘 설정할 수 있으면 그를 향해 행동을 집중하는 것은 비교적 쉬운 일이다.

예를 들면 같은 일을 하고 있는 두 명의 샐러리맨이 있는데, 한 사람은 일하기를 싫어하면서 할당된 일을 하지 않으면 '목이 잘리니까'(이것도 하나의 목표) 하고 있다. 이에 비해 또 한 사람은 그 일에 진짜 흥미를 가지고 실적을 올리기 위해 개선, 연구할 노력을 하고 있다. 후자의 경우, 일을 하는 것에 의해 전자와는 비교도 되지 않을 정도의 고도의 욕구를 만족시키므로 그 행동은 당연 의욕적인 것이 된다. 실적도 오를 것임에 틀림없다. '일에 열심인 장래성이 있는 녀석'이라고 일컬어지는 인물은 반드시라고 할 수 있을 정도로 후자에 속하고 있다.

수험 공부도 단순히 '○○대학에 합격하기 위해'라는 사람 보다도 영어나 수학 과목 자체에 흥미를 가지고 계속 새로운 지식을 얻는다는 기쁨을 가지고 있는 사람쪽이 보다 고도의 욕구를 만족시킬 기회를 잡게 된다.

⊙ 목표의 체인

어떤 목표가 달성되면 분명히 진보 향상감과 만족감이 높아지고, 새롭게 다음 목표를 세우기 위해 강한 흥미와 관심을 갖게 된다.

반대로 목표 달성에 실패하면 다음 목표를 낮게 잡기도 하고 포기하기도 하며, 흥미와 자신감이 감소하거나 소멸한다. 그러므로 목표의 설정은 가능한 신중하게 해야 한다. 목표를 잘 세우는 데 관한 재미있는 실험이 있다.

F·A·헤라는 어떤 메리야스 공장의 여공들에게 단추 구멍을 끼는 작업을 다음과 같은 방법으로 실시케 했다. 우선 매회 작업에 임하기 전에 '몇 초만에 할 수 있는가'를 말하게 하여(주목표를 설정시키고) 다음 작업으로 간 후 '몇 초 걸렸다고 생각하는가'를 말하게 한 다음에 실험했을 때 걸린 시간을 알려준다. 이하 이 방법을 20회 반복한다.

이 실험에 의하면 자신의 실력에 맞는 목표를 세워 그것을 달성하면서 한발 한발 다음 목표를 높여간 여공은 훌륭하게 작업 능력을 향상시켜 갔다. 예를 들면 어떤 사람은 맨처음에 50초 걸려 완성할 것을 목표로 했으나 실제로는 45초만에 완성했다. 2회째는

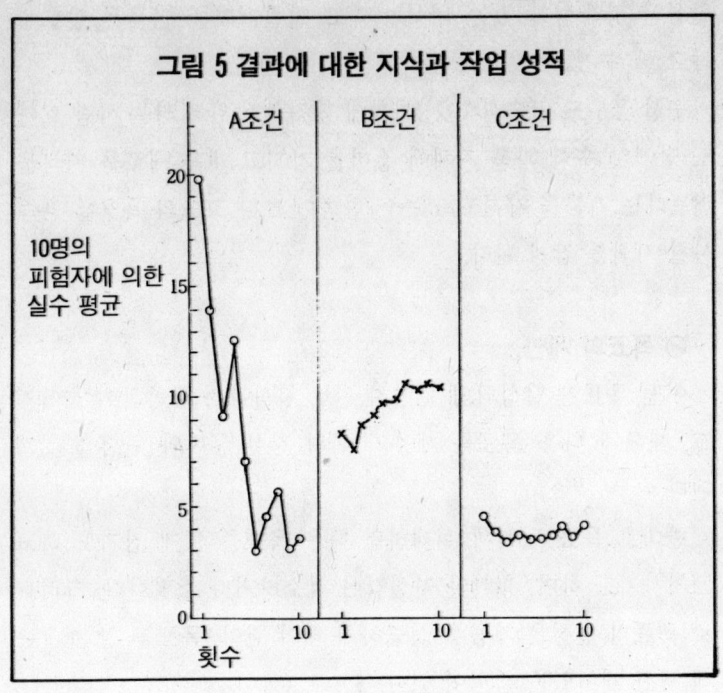

그림 5 결과에 대한 지식과 작업 성적

45초를 목표로 했는데 40초만에 완성했다. 이하 점차 전진하여 제 11회 째에는 12~13초에 완성하게 되었다.

이에 비해 자신의 실력과 동떨어진 목표를 세운 여공의 경우에는 그다지 작업 능력이 향상되지 않았다. 즉, 목표의 높이가 자신의 능력에 미칠수 없는 경우는 성공의 가능성이 매우 낮아지기 때문에 결국 목표를 내리기도 하고 좌절감을 맛보기도 하며, 자신감을 잃고 향상 가능성 있는 능력을 끌어 내리는 결과로 끝나 버린다. 얼마나 안타까운 이야기인가.

자신에게 맞는 목표를 세우기 위해서는 역시 자신의 능력이나 과거의 실적을 자신이 잘 파악해야 한다. 망상이나 축소는 금물이다.

단 직장에서는 자신의 성적은 자신 보다도 상사 쪽이 잘 알고 있다. 학교에서도 선생님이 학생을 보다 잘 알고 있음은 물론이다. 일이나 공부의 성적이 충분히 상사나 선생님 본인에게 잘 알려져 있는 경우와 그다지 잘 알려져 있지 않는 경우는 결과가 상당히 달라진다.

S·J·멕퍼슨은 10명의 피험자에게 램프가 달린 스위치를 약 0.7초마다 누르는 실험을 했다.

우선 처음 결과로 알 수 있듯이 피험자에게 전류계 눈금을 보이고 자신의 작업이 정확하게 되어 있는지 어떤지를 확인시킨다 (A조건). 다음에 결과가 전혀 알려지지 않도록 한다(B조건). 마지막으로 다시 결과를 알려주었다.

이 세 가지 조건하에 있어서 작업 성적은 앞 페이지 그림 5와 같이 되었다.

결과를 알도록 한 A조건 하에서는 실수가 급속히 적어지고 있다. 즉, 결과를 아는 것만으로도 작업 성적은 향상되는 것이다. 이에 비해 결과를 모르는 B조건 하에서는 작업의 개선이 거의 되지 않았을 뿐만 아니라 오히려 나빠지고 있다. 그리고 다시 결과를 알리자(C조건), 실수가 뚝 떨어졌다.

이와 같이 직장에서나 학교에서 작업이나 공부의 평가 결과는 가능한 상세하게 본인에게 알려주는 편이 성적이 향상될 가능성이 크다. 일에 따라서는 결과가 분명치 않은 경우도 있지만, 그래도 목표나 스케줄을 상세하고 명확하게 하면 상당히 좋은 결과를 얻을 수 있다.

추상적인 결과라도 그를 평가하는 것이 사람들에게 용기를 주는

일이다.

◉ 항상 '점(点)'이 맞추어져 있는가

우리들 주위에는 특히 그 어떤 것에 관해서는 질리지도 않고 싫증도 내지 않으며, 언제나 침식(寢食)도 잊고 노력을 하고 있는 사람이 있다. 마작, 경마, 빠찡고 등 레크레이션을 뛰어 넘어 병적(病的)으로 매달리고 있는 예가 자주 주간지나 신문 지상에 오르내린다. 소위 '매니어'이다.

이 좋아하는 대상이 사업이나 생산성 있는 것이라면 그는 훌륭한 스페셜 리스트라고 해도 좋다. 스페셜 리스트는 대상이 눈 앞에 없을 때에도 자신의 전문 분야에 대한 생각을 끊임 없이 하는 사람들이다. 그들은 쉬고 있을 때나 자고 있을 때도 무의식적으로 문제를 계속 생각하고 있다. 우리들은 여기에서 본래의 집중력을 볼 수 있다.

집중력은 점(点)에 맞추어져 있다는 생각은 에네르기를 주로 생각하면 알 수 있다. 그러나 현실행동을 보면 행동이 여러 방향으로 일어나고 그것이 주된 관심을 가지는 면에 집중된다.

사람은 누구나 목표를 향해 에네르기를 집중하고 자신의 행동에 통일성을 기한다.

사람을 특정 방향으로 행동케 하는 요인으로 여러 가지의 것을 생각할 수 있지만, 예를 들면 유혹이나 강제 명령, 그 한 가지로 그 사람이 가지고 있는 '가치관'을 무시할 수는 없다. 바꾸어 말하자면, 사람은 그 가치관을 어떤 형식으로 가져가느냐에 따라 각각 자신이 원하는 행동 방향을 선정하고, 그 방향으로 행동을 통일시키며 더 나아가서는 자신의 인격까지 통일적인 것으로 높여간다.

…요컨대 가치관이나 가치적 태도에 의한 선택이란 환경적 조건이나 생활이 어떠한가를 뛰어 넘어 또 생리·생물학적 욕구나 습관에도 상관하지 않고 다른 무엇 보다 우수한 것으로서 영속적으로 선택하는 것이며, 따라서 그 사람에게 항상적, 일관적으로 특정의 행동 방식을 만들게 하는 요인이다.

이 최후의 특정 '방향'으로 행동을 시키는 요인 중에 하나가 그 사람의 가치관이라고 생각해도 좋은데, 이 방향으로 일시적·폭발적으로 정열을 기울이거나 장기적으로 장해가 끊임 없어도 그것을 개인이 가지고 있는 성격 특징에 의해 정해질 것이다.

◉ 욕구의 서열을 만들어라

인내나 끈기라는 것은 분명히 집중하는 데 있어서 필요한 것이지만, 그것만으로는 충분하지 않다. 아무리 참아도 곤란을 극복할 수 없는 경우도 있다. 옛날에는 일생 인종(忍從)하는 여인이 많았지만 그것으로 문제를 해결했던 것은 아니다.

욕구의 집중은 단순한 인내나 금욕과는 달리 분명히 효과가 크다. 말하자면 작은 욕구를 여러 가지 모아 하나로 뭉뚱그린 다음, 지나친 욕구가 없는 일종의 욕구 체계가 있고 이것이야 말로 뿔뿔이 흩어져 있는 욕구와는 달리 강력한 드라이브〔동인(動因)〕를 구성하기 때문이다.

어릴 때는 대부분 이런 욕구 체계가 잘 갖추어져 있지 않다. 이와 같은 욕구 체계를 바르게 만드는 것이 교육이라고도 할 수 있다. 그러나 성인이라도 욕구 체계가 완전히 바르게 정비되어 있다고는 단정지을 수 없다.

예를 들면 금주(禁酒)나 금연(禁煙)은 자신의 건강을 유지하고

싶은 욕구를 위해 경계하고 있는데, 종종 다른 욕구(일시적인 쾌감을 느끼고 싶다)에 의해 깨지기 쉽다. 이것은 금욕(禁欲)이라고 볼 수 있을 뿐 욕구 상호(欲求相互)의 위치 관계에 있지 않기 때문이다. 곤란 회피를 위해 가능한 한 여러 가지 욕구를 '건강유지'에 연결시키고 집중하도록 노력하지 않으면 안된다.

예를 들면, '모든 것은 건강이 있음으로 해서'이므로 건강은 바로메터(체중, 혈압, 도약력 무엇이든 좋다)를 몇 가지 설정하여 그 목표치 또는 기준치에 달하면 어떤 음식을 어느 정도 섭취한다, 어느 정도가 되면 그것으로 그친다, 라는 건강 관리 방법은 욕구의 체계화, 집중화를 기하는 것이라고 할 수 있다. 다욕(多欲)을 고욕(高欲)·강욕(強欲)으로 바꾸어 간다고 생각해도 좋다.

⊙ 목표를 분할하거나 한정하라

자신의 역량에 맞는 목표를 세워도 여기에 집중하는 일은 매우 어렵다.

자주 '작심 삼일'이라는 말을 듣는 것은 목표가 오래 지속되지 못하는 사람의 총칭으로 이용되는데, 이것은 생각해 보면 3일 정도 지나면 문제가 해결되는 일에는 사용할 수 없다.

즉, 3일 정도로 처리할 수 없을 듯한 큰 목표를 세운 뒤에 3일 만에 나가떨어져 내팽개쳐 버리면 아무런 일도 되지 못한다. 만일 큰 목표를 몇 가지로 분할하여 3일에 한 번 정도로 처리하는 스케줄을 만들면 의외로 잘 지속되는 경우도 많을 것이다.

또 예를 들면 1년 동안 매일 일기를 길게 쓰려고 생각해도 쓸 수 없게 된다. 하루에 3줄이라든가 3일에 몇줄 또는 1주일에 1번 정도라는 식으로 목표를 세워 자신에게 맞는 범위 내에서 계속할 수 있다.

이와 같이 목표 자체를 자신의 역량에 따라 몇 가지로 분할하거나 한정해 두고 조금씩 완전 달성을 기해 가면 달성의 즐거움을 확실하게 맛볼 수 있으며, 또 달성 때마다 목표를 조금씩 올리거나 넓혀 갈 수도 있다.

⊙ 두 마리의 토끼를 쫓지 말라

자주 다섯이나 열 정도는 무심히 셀 수 있지만, 20, 30으로 진행해 가노라면 여러 가지 잡념이 뒤엉키기 시작한다.

부엌에서 생선을 굽는 냄새가 나기 시작한다. 옆집에서 음악이 들려 온다. 도로에 누군가가 자동차를 세우고 있는 것 같다. 어제 전철에서 만났던 미인……

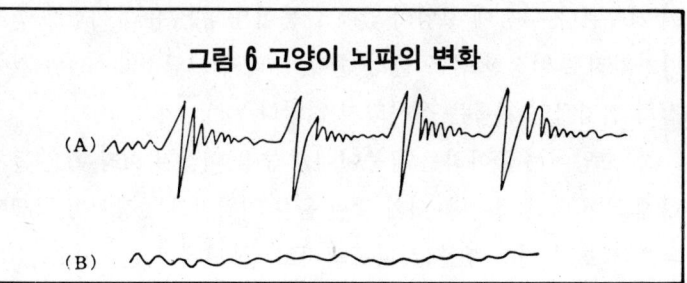

이래서는 무심히 수를 셀 수가 없다.

낚시에서 '외도(外道)'라고 하는 것은 예를 들면 전갱이 낚시를 갔다가 쥐치를 잡은 경우의 '잡어(雜魚)' 쥐치를 말한다. 반대로 쥐치를 목표로 했는데 전갱이를 낚으면 전갱이가 외도이다.

좌선(座禪)에서 일심불란(一心不亂)으로 자신의 숨을 다스릴 때, 저녁 식사의 반찬이나 가까운 곳의 아가씨가 염두에 떠오르면 그것이 '외도'가 되는 것이다.

이 외도가 낚시 바늘에 걸려도 그것을 벗겨내고 끝까지 주목적에 전념할 수 있는가 어떤가 하는 것이 정신통일=집중의 어려움이다.

단순히 숨결을 고른다는 것이 얼핏 보기에는 쉬운 행동이라도 실은 상당한 노력과 훈련 없이는 좀처럼 관철할 수 없는 것이다.

고양이를 이용하여 대뇌피질(大腦皮質)의 작용을 조사하기 위해 집중력 실험을 한 예가 있다. 고양이귀에서부터 소리 신호가 뇌로 간다. 그 도중 신경(神經)에서부터 음의 신호를 정기적으로 꺼내어 조사해 보는 것이다.

우선 고양이에게 단속적(斷續的)으로 일정한 소리를 들려 준다. 그러면 위의 그림 6의 (A)와 같이 전기적으로 일정음이 기록된다. 다음에 고양이 앞에 금붕어를 넣은 유리 어항을 놓고 마찬가지로 일정한 음을 들려 준다. 그러자 그림 6의 (B)와 같이 전혀 전기적인 기록은 실시되지 않았다.

즉, 고양이는 좋아하는 금붕어에게 눈을 빼앗겨 소리 쪽은 듣지 않게 되어 버린 것이다. 이와 같이 음을 지워버리는 장치가 뇌세포와 뇌세포의 연결 부분(시나프스라고 한다)에서 실시되고 있다.

이 시나프스라는 접점(接点)에서는 일순간에 딱 한 가지만 통과시키는 작용을 하고 있다. 그러므로 주위 집중에 익숙해져 가면 갈수록 이 뇌세포 시나프스의 스위치를 잘 작동시켜 일부분을 강하게 흥분시킬 수 있게 되는 것이다.

뇌세포의 시나프스는 전두엽(前頭葉)에서부터 뇌간(腦幹)의 망상체(뇌간의 중심부)를 지나 한 가지 일을 통과시키는 것에 전념하도록 명령이 내려지면 그 명령에 철저를 기하는 장치로 되어 있다.

바꾸어 말하자면 전두엽은 인간 마음의 지령탑이라고도 할 수 있는 곳으로 '의욕, 창조하는 마음'을 가지고 있으며, 시나프스는 그 마음을 통과시키는 '검문소(檢問所)'로, 한 때에 하나씩 일렬로 하여 통과시키고 있다.

예를 들면 전두엽이 '자신이 호흡하고 숨을 고르는 것에만 전념하자'라고 계획하여 의욕을 내면 시나프스가 다른 것을 누르고 그 명령만을 통과시킴으로써 정신 통일이 가능해지는 것이다.

인간의 뇌에는 익숙해지는 습성이 있으므로 이렇게 훈련을 거듭해 가면 언제 어디에서나 정신 통일을 할 수 있게 된다. 이것이 '행(行)'이나 '수련(修錬)'이라는 것으로, 말하자면 뇌와 몸에 익숙해지는 현상을 정착화시키는 것이다.

그림 7 자율 훈련중의 동요도

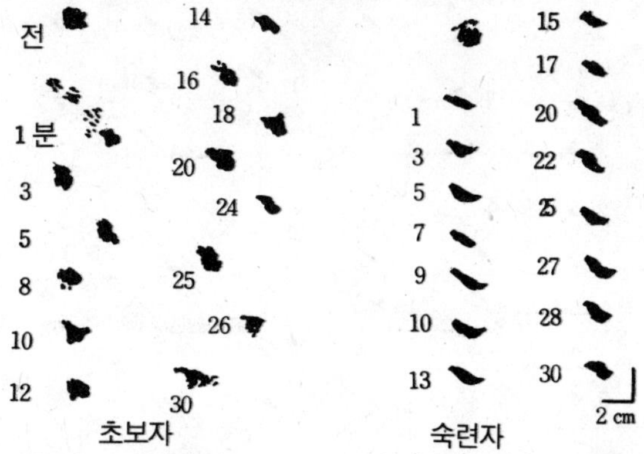

전 14 16 1분 18 3 20 24 5 8 25 10 26 12 30
초보자

15 17 1 20 3 22 5 25 7 9 27 10 28 13 30 2 cm
숙련자

정신을 집중하기 위해서는 어디까지나 '두 마리의 토끼를 쫓지 않는다.'라는 것이 중요하다. 저녁 식사의 반찬이나 근처에 미인이 염두에 떠올라도 그것을 물리치고 숨을 고른다. 그러므로 '그녀를 꼬득여 저녁 식사를……'이라는 '외도'의 생각을 발전시켜서 두 마리의 토끼를 쫓는 꼴이 되어 버린다.

두 마리의 토끼를 쫓지 않으며 외도를 뿌리치는 훈련으로는 선(禪)의 수식(數息)이 매우 합리적인 방법이라고 할 수 있다.

위의 그림 7은 몸의 동요계(動搖計)에 의해 몸의 델리케이트한 떨림을 기록한 것이다. 감정의 동요가 있으면 몸의 떨림도 크다.

그러나 자율훈련을 하여 마음의 집중을 기하면 몸의 떨림이 적어진다.

그림 8은 좌선의 행(行)을 하는 사람의 동요도(動搖度)를 기록한 것이다. 30분에 걸쳐 몸이 거의 동요되지 않고 있다. 즉, 그

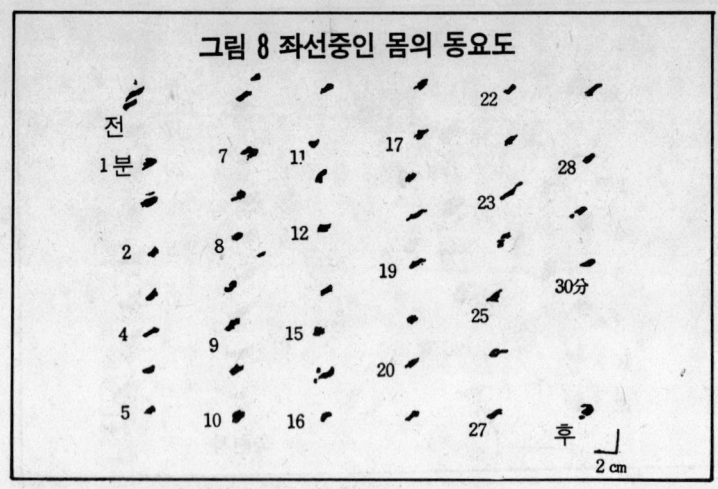

그림 8 좌선중인 몸의 동요도

만큼 정신 집중도가 높은 것이라고 할 수 있다.

「좌선의 생리학적 연구」에 의하면 다음과 같이 것이 분명해진다.

좌선에 들어가면 일반적인 사람의 경우에는 1~2분 뒤부터 호흡수가 줄어들고 환기율(換氣率)은 높아지며 기초 대사는 1,500칼로리 정도로 올라간다.

그런데 베터랑 선사(禪僧)는 입선(入禪) 후 곧 기초 대사가 저하되기 시작하여 5분만에 900에서 800칼로리를 만든다.

이것은 뇌의 움직임이 보다 평정해지기 때문이다.

선사의 뇌파는 무의식파 보다 더 평정해져서 수면 때의 파형(波型 ; 평정파)이 된다. 그러나 자고 있는 것은 아니며, 귀 옆에서 소리를 내면 각성 때에 비해 몇 분의 1의 작은 음에도 반응하여 각성파(β파)가 된다.

수면에서는 각성 때보다 몇 배 더 큰 소리가 아니면 반응하지 않고 게다가 한번 각성해 버리면 원래의 평정피로로 되돌아 갈 수 없지만, 선사의 경우는 소리를 멈추면 1, 2초 내에 원래의 평정 파로 되돌아 간다.

즉, 좌선 중에는 뇌의 감수성이 예민해져 있고 미묘한 자극에도 반응하지만, 일단 자극이 사라지면 곧 또 다시 원래의 평정을 되찾는다는 것을 알 수 있다.

소위 '명경지수(明鏡止水)'의 경지라고 불리우는 것으로, 뇌의 작용이 멈추어져 있는 상태라고 볼 수 있다.

⊙ 의식을 집중시키는 훈련

잡념을 떨쳐내고 한 점에 의식을 집중시키기 위한 특수한 연습 방법이 있다. 그 중에서 비교적 다수의 사람들에게 받아들여지고 있는 쉬운 방법을 몇 가지 소개해 두고 싶다.

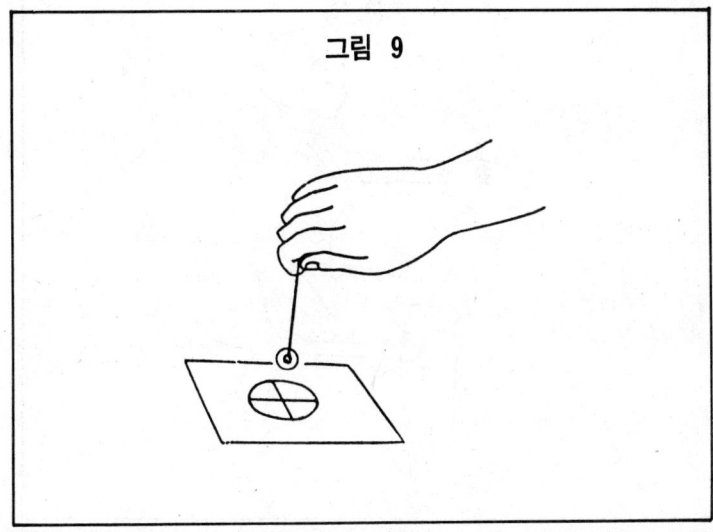

그림 9

〈추를 움직이는 훈련〉

이것은 '슈브릴의 추'라고 불리우며, 자율 훈련법 중에서도 가장 유명한 기본적인 훈련 가운데 하나이다. 다음과 같은 순서로 실시한다.

(1) 구멍이 뚫려 있는 동전(10원 또는 100원)에 30센티 정도의 실을 연결한다. 또 백지에 직경 5센티 정도의 원을 그리고 그 안에 +의 선을 그린다(그림 9 참조).

(2) 이 종이를 앞에 놓고 눈을 감은 다음, 복식 호흡(腹式呼吸)을 실시한다.

(3) 눈을 뜨고 추의 실 끝을 엄지와 집게손가락으로 잡고 추가 원반의 중심점 바로 위에 오도록 한다.

(4) 추를 정지시키고 가만히 바라본다.

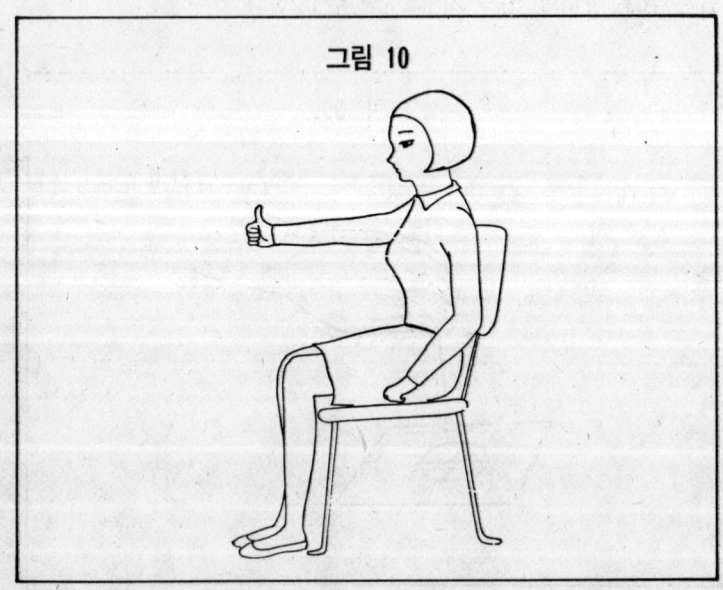

그림 10

(5) '좌우로 흔들려라, 좌우로 흔들려라.'라고 입으로 크게 외친다. 이때 손을 의식적으로 움직여서는 안된다. 한참 있으면 진짜 움직이기 시작한다.

(6) 추가 움직이기 시작하면 '좀더 크게 흔들려라'라고 자기 암시를 건다. 그러면 추의 흔들림이 촉진된다.

(7) 다음은 '앞뒤로 흔들린다'라고 암시하고, 같은 순서로 시험한다. 그리고 '왼쪽으로 돌아라, 오른쪽으로 돌아라'라고 하며 이 훈련을 반복한다.

(8) 가능하면 복식 호흡을 하지 않고서도 할 수 있도록 훈련한다.

이와 같이 하여 정신 통일을 기하면 자신의 의지력이 높아지고 무슨 일에 대해서든 강한 자신을 갖고 집중할 수 있게 된다.

〈손을 내리는 훈련〉

이것은 자기 최면 상태를 혼자서 만들어내는 방법이다.

(1) 편한 자세로 의자에 앉아 눈을 감고 복식 호흡을 몇 번 실시한다.

(2) 눈을 뜬 다음, 오른손을 어깨와 같은 높이로 수평하게 펴고 엄지를 위로 찔러 내며, 그 엄지손가락을 약 10초 동안 가만히 바라본다 (그림 10 참조).

(3) 그리고 계속 바라보면서 '손이 내려간다. 내려 가기 시작한다. 눈꺼풀이 무거워진다. 자연히 감긴다.'라고 자기 암시를 반복한다.

(4) '손이 내려간다. 더 내려간다. 더 내려간다. 눈꺼풀이 무거워져 자연히 감긴다.'라고 강하게 암시한다. 이 때, 일부러 손을 내리거나 의지적으로 손을 내려서는 절대로 안된다. 자연히 힘에 맡기

면 눈꺼풀도 무거워지고 눈이 감긴다. 단 사람에 따라서는 눈꺼풀
이 잘 감기지 않는 사람도 있으므로 이 경우에는 부득이 의식적으
로 눈을 감는다.

(5) '손이 내려간다. 손이 내려간다.'라고 자기 암시를 하면 손이
아래로, 아래로 내려가고 마침내 무릎에 닿게 된다. 그때 눈을
뜬다. 이렇게 하면 무릎에 손이 닿을 무렵에는 정신이 상당히 통일
되어 안정된 기분이 된다.

앞에서의 '추가 흔들린다.'나 '손이 내려간다'를 이번에는 '하찮
은 일에는 신경쓰지않는다'라는 식으로 바꾸어 놓는다. 매일 10
분 정도 반복해 가면 정말 대수롭지 않은 일에는 신경이 쓰이지
않게 된다.

'담배는 싫다.'라는 것을 반복하여 1개월 만에 담배를 끊은 사람
도 있다. 응용은 얼마든지 할 수 있다. 공부가 싫은 사람은 '공부가
재미있다.'라고 입버릇처럼 반복하는 것이다. 그렇게 하면 반드시
재미있어진다.

⊙ 쉬운 문제부터

단 여기에서 주의해야 할 것은 어디까지나 편한 기분으로 진지
하게 하는 것이다. 도중에 '이런 바보 같은'이라고 헤매거나 욕심
을 부려서는 안된다. 애써 담배를 쓰다고 느끼게 시작한 때, '하지
만 죽지는 않을 테니까.'라고 헤이해져 피우거나 해서는 안된다.

그러므로 편하게 잠재 의식에 말을 거는 '암시어(暗示語)'를
만들어 저항이나 역전을 기하는 것이 효과적이다. 금연을 예로
들자면 '담배를 3개 이상 피우면 기분이 나빠진다.'라는 말이라도
좋다. 술이라면 '2잔 이상은 마시고 싶지가 않다.'라는 것도 좋다.

이유를 붙여서는 안된다. 섣불리 이유를 붙이면 오히려 저항감이 느껴져 잘 되지 않는다.

짧고 단적인 표현으로 한 가지 의지를 말에 집중시킨다. 예를 들면 아침 나절에 집중적으로 독서를 하고 싶으면 '매일 아침 잠에서 깨어 독서를 하지 않으면 주위의 소리가 들리지 않는다.'라고 구체적으로 표현한다. 특히 감각(感覺)으로 연결지은 말은 효과적이다.

처음에는 쉬운 문제부터 손을 대고 조금씩 어려운 문제로 진행해 가는 것이 좋다.

스포츠 선수의 예를 들면 중량을 들어 올리는 유도, 검도 등을 보아도 선수들은 한정된 시간과 공간 속에서 일체의 잡념을 떨쳐버리고 평소에 쌓아둔 에네르기를 육체 일부에 집중하여 폭발시킨다.

그 일례를 '양궁'에서 볼 수 있다. 이것도 정신 통일 훈련의 전형적인 것이라고 할 수 있다.

◉ 숙달의 주의

양궁을 하는 사람은 자신이 스포츠를 하고 있다거나 몸을 단련하고 있다거나 하는 것을 새삼스럽게 의식하고 있지 않다. 오히려 '정신 집중력을 기르고 있다'라고 자주 말한다.

한 점에 목표를 잡고 잡념을 일체 떨쳐버린다. 조금이라도 사고(思考)에 혼란이 있으면 화살은 엉뚱한 방향으로 날아가 버린다. 외국의 경우는 스포츠의 경향이 강하지만, 우리의 양궁은 정신 수련의 면을 매우 중시하고 있다.

궁도(弓道)의 범사(範士)로서 유명한 한 사람이 다음과 같이

말하고 있다.

정신 통일. 당기고 있을 때 맞추려고 하면 잡념이 일어 잘 쏠 수가 없다. 만월(滿月)에 초점을 맞추고 충분히 힘을 주어 자신의 중량을 담고 낙하시키듯이 화살을 놓는다. 그렇게 하지 않으면 화살이 흐트러져 똑바로 날아가지 않는다. 인간은 시각 동물이므로 아무래도 과녁을 보면 맞추려는 기분이 들게 된다. 그것을 극복하고 무심(無心)한 상태가 되도록 하기 위해서는 노력이 필요하다.

물론 재미도 있다. 스포츠는 무엇이나 같겠지만, 육상 경기라면 백미터 기록인 10초 3을 10초 2로 단축하려고 자기의 세계에 도전한다. 양궁의 경우, 지금 쏘는 한 개의 화살은 생애 중에 그것밖에는 없다. 같은 화살을 두번 다시 쏠 수는 없으므로 한개 한개에 전생명을 몰입한다. 다도(茶道)에 '일기일회(一期一會)'라는 것이 있는데, 이 정신은 궁도에도 통하는 것이다. 궁도를 통해 그 정신을 습득하고 과녁에 적중시킨다. 그 창조의 기쁨이 궁도에도 있다.

궁도의 기본은 그야말로 집중력에 있다 라고 해도 좋을 것이다. 이것은 궁도의 사법(射法) 즉, 궁을 잡고 화살을 놓는 과정 중에서 집중력이 어떤 식으로 형성되어 있는가를 보면 더욱 분명하다. 덧붙여서 궁도의 사법은 대체로 다음과 같이 되어 있다. 이것은 집중의 단계를 훌륭하게 표현하고 있다고 보아도 좋다.

▼제 1단계 '발디딤'…두발의 끝을 밖으로 8자형으로 벌린다. 이것은 집중의 준비 태세 만들기.

▼제 2단계 '몸통 만들기'…상체를 바르게 안정시켜 놓고 호흡을 가다듬는다. 여기에서 잡념을 떨쳐 버린다.

▼제 3단계 '궁 잡기'…쏠 운동의 준비로 궁을 잡는다. 이것이 집중의 기동력이다.

▼제 4단계 '쏠 동작 일으키기'…궁시(弓矢)를 든 두 주먹을 조용히 같은 높이로 들어 올린다. 여기에서 집중력이 높아지기 시작한다.

▼제 5단계 '나누기'…일으킨 궁을 좌우 균등하게 나눈다. 집중은 그야말로 정점(頂点)에 달하려 하고 있다.

▼제 6단계 '회(會)'…나누기가 완성된 상태로, 신체, 정신, 궁시가 혼연 일체가 되어 만(滿)을 유지하고, 숨을 충실히 하여 발사의 기(機)를 뜨겁게 한다.

▼제 7단계 '놓기'…기(機)의 숙성에 따라 몸의 중근(中筋)에서부터 좌우로 벌리듯이 신장시켜 기합의 발동과 함께 화살이 떠나간다.

▼제 8단계 '잔심(殘心)·잔신(殘身)'…화살이 떠난 뒤에는 심신(心身)의 용태를 흐뜨리지 말고 화살의 행선(行先)을 주시한다. 말하자면 집중의 아프터 케어이다.

이 중에서 제 6단계의 '회(會)'가 집중의 극치이다. 보통 몇 초 동안이지만 긴 사람은 약 20초 정도 절정의 자세로 기다리는 경우도 있다고 한다. 이것은 빨리 쏘고 싶다, 빨리 맞추고 싶다라는 자신의 욕망을 누르고 정신통일을 기하고 있는 것이다. 바꾸어 말하자면 집중력을 흐트러뜨리지 않는 것에 의해 극기심 즉, 자아의 확립을 기하고 있는 것이다.

6、타임리하게 힘을 내라

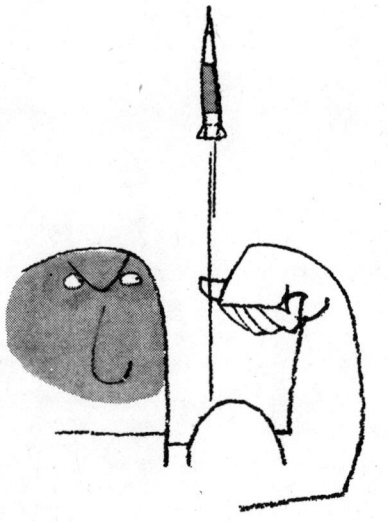

──────────

(1) 일시에 한 곳에 힘을 내라.

(2) 전체를 보면서 개소를 격파하라.

(3) 주의력을 기민하게 이동시켜라.

(4) 가능한 것을 하나씩 하는 훈련도 있다.

(5) 작은 범위로 조이면 집중도 용이하다.

(6) 쉬는 방법에 따라 집중 효과가 오른다.

(7) 달인(達人)은 시간 분배를 능숙하게 하여 쉰다.

──────────

6

⊙ 언제나 팽팽하게 긴장하고 있을 필요는 없다

씨름 TV 중계에서 어떤 선수가 "씨름은 일년 내내 몸에 힘을 주고 있을 필요는 없다. 단 필요할 때 전신의 힘을 한 곳에 집중할 수 있으면 되는 것이다." 라고 말하는 것을 듣고 깊이 느끼는 바가 있었다.

이것은 기술 연마에 열심히 정진하여 기를 터득한 끝에 '이때!'라는 때, 그 힘을 일시에 한 곳에 집중시킬 수 있으면 되는 것이다.

초보자가 갑자기 '그렇게 하자'라고 해서 되는 것은 아니다. 효과 있게 집중할 수 있기 위해서는 원리 원칙을 잘 이해한 뒤에 몇 번이고 훈련을 쌓아 가야 한다.

그러기 위해서는 어떤 점을 검토하는 것이 좋을까.

우선 첫 번째로, 집중력의 신(神)이라고 일컬어지는 사람을 연구해 볼 필요가 있을 것이다.

옛날 한 임금은 7명의 호소를 동시에 듣고 즉석에서 이를 해결해 주었다고 한다. 사실 이것은 상당히 뛰어난 집중력의 실례(實例)이다.

6. 타임리하게 힘을 내라 *133*

그런데 이 이야기에서는 그 임금이 몇 시간에 걸쳐 7명의 이야기를 들었는지에 대해선 덧붙여져 있지 않다.

상당히 긴 시간이 걸리지 않았을까 하고 생각한다. 필자의 추리는 다음과 같다.

가령 7명이 다음과 같은 말을 한다고 하자.

A씨…B에게 빌려준 돈을 받을 수가 없다.

B씨…A에게 빌린 돈을 갚을 수 없다.

C씨…세금이 비싸 깎고 싶다.

D씨…자식의 병을 어떻게 좀 치료해 주었으면 한다.

E씨…주인에게 쫓겨나 먹고 살기가 힘들다.

F씨…점원이 나가 곤란을 겪고 있다.

G씨…승진시켜 주었으면 한다.

이것이라면 다음과 같이 풀 수 있다.

① 순서 대로 이야기하도록 한다.

② 그룹을 나눈다. (A와 B, E와 F를 일괄).

③ 각각의 그룹마다 말하고 싶은 것을 마음껏 이야기하게 한다.

④ 싸움이 되지 않도록 폭력은 저지한다.

⑤ 곳곳에서 당사자에게 "너는 이렇게 말했지?"라고 확인한다.

⑥ 다 말한 사람은 결론을 내도록 한다.

⑦ 전기(前記)의 경과를 참조하면서 간단한 것에서부터 순서대로 풀어간다.

그리고 ⑤와 ⑥은 심리학이라는 비지시적(非指示的) 기법을 이용한 것으로 환자 내지 상담자의 자발적인 문제 해결을 촉진시

키는 것이다. 임금이 그와 같은 기법을 알고 있었던 것은 아니겠지만, 적어도 그에 가까운 방법을 경험적으로 터득하고 있었더라면 7명 동시 해결이라는 것도 가능했을 것이다.

7명의 호소를 동시에 듣는다고 해도 실제로는 한 사람 한 사람의 주장을 잡음 속에서 수차 건져 내면 된다(한 사람의 발언을 집중적으로 듣는 동안 다른 발언은 잡음에 지나지 않는다. 한 사람의 주장의 요점을 파악했으면 다른 발언으로 초점을 옮긴다). 시간만 늘이면 보통 사람이라도 수명의 이야기를 구분하기 위해 주의력을 한 사람, 한 사람에게 비교하고 점차 자신의 판단을 가해 갔다고 생각된다.

아무리 즉석에서 풀었다 해도 7인에게 동시에 말할 수는 없으므로 진상은 한 사람에게 판결을 내리면서 그 발언 시간 동안 다음 사람을 생각했었음에 틀림없다.

다른 일을 생각하면서도 문장을 읽기도 하고, 전화를 걸기도 하는 것은 보통 사람이라도 일상 중에 흔히 하는 일이다.

⊙ 집중력은 우선 분배한다

본래 '일시에 한건'이라고 일컬어지듯이 한 가지 일에 몰두하고 있는 것이 '집중'의 기본이다. 그런데 그와 같은 집중의 방법을 잘 구분하고 사용하여 전체적으로 상당히 강력한 집중을 얻는 것도 훈련 여하에 따라 가능하게 된다. 이것이 집중력을 어떻게 능숙하게 분배할 것인가 하는 문제이다.

우선 대뇌 생리학(大腦生理學) 쪽에서부터 연구해 보기로 하자.

"어떤 한 가지 작업, 하나의 사고를 주로 행할 때는 자신에게

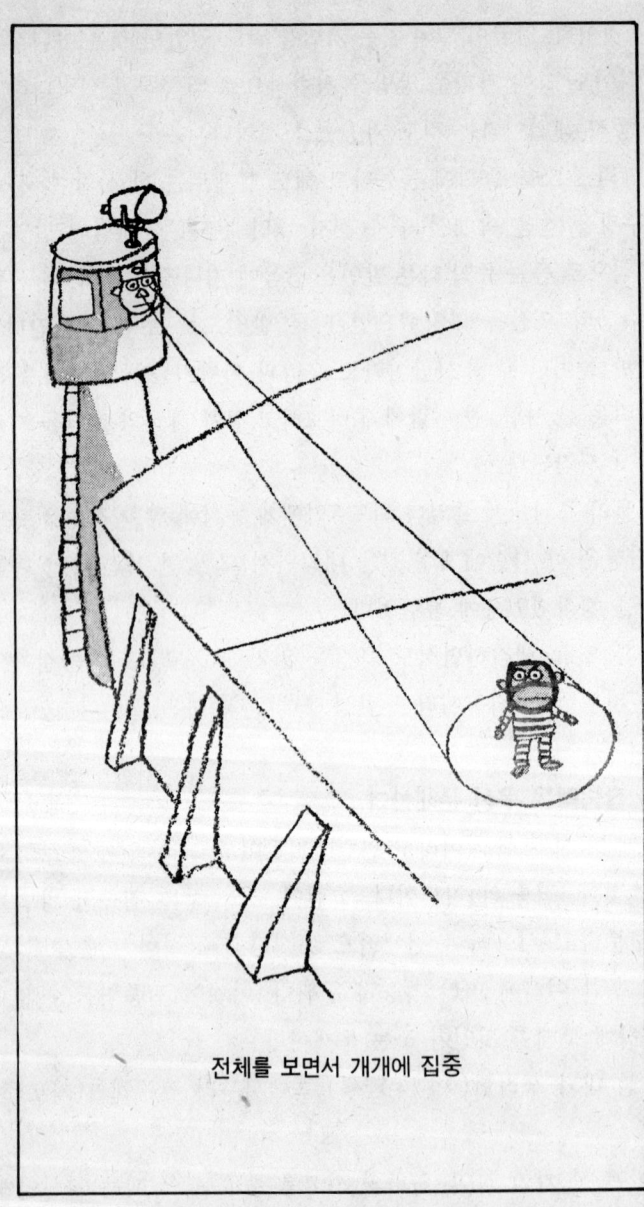

전체를 보면서 개개에 집중

매우 습숙(習熟)되어 있는 또 다른 한 가지 일을 동시에 행할 수 있다."라고 파블로프가 말하고 있다.

즉, 주의를 어떤 한 점에 집중시키는 일을 하고 있으면 대뇌피질 중 그 일과 관계 있는 어떤 부분이 흥분하여 다른 부문은 억제되어 있지만, 그 억제가 그다지 대단치 않은 상태라면 간단한 일을 (억제되어 있음에도 불구하고) 병행하여 할 수 있게 된다.

예를 들면, 장기·바둑·마작 등의 경우, 이 배분 능력이 없는 사람은 국부(局部)에만 열중해 버려 중대한 것을 놓치는 경우가 있다.

그런데 능숙한 사람은 부채를 부치기도 하고 담배를 피우기도 하며 때때로 주의력을 국부에서 다른 곳으로 돌리기도 한다. 그리고 반면(盤面) 전체를 바라보기도 하고 때로는 반면 이외의 것 (상대의 심리, 환경 등)조차 생각할 수 있다. 이와 같이 하여 여러 가지 조건을 읽고 있으므로 놓치는 것도 적다. 이 경우, 이 사람은 전체적으로는 한 가지의 것(승부)에 집중하고 있지만 게다가 일시에 여러 가지를 동시에 병행적으로 이루어내고 있다는 의미에서 집중력을 능숙하게 배분하고 있다고 할 수 있을 것이다.

여기에서 미국의 심리학자인 우드위스의 실험 예를 소개해 두겠다.

이 실험은 교통 신호의 황색에는 왼손, 파란색에는 오른손, 빨간색에는 발로 반응시키는 것으로, 황색과 청색은 아주 빈번하게 불이 들어오지만 빨강은 상당한 간격을 두고 불이 들어온다. 그리고 그 작업만을 시키는 경우와 그 외에 숫자를 가산하는 작업을 하면서 시키는 경우에서 반응시간(δ·시그마)에 어느 정도 차이가 생기는 가를 조사해 본다.

이 실험 결과는 다음과 같이 되었다.

청·황으로의 손의 반응   빨강으로의 발의 반응

가산 작업 없음 490δ   1040δ

가산 작업 있음 640δ   910δ

이에 의하면 가산 작업이 없을 때는 피험자는 손의 반응에 주의를 집중시킴으로써 주의를 발의 반응에 민첩하게 옮기는 것에 실패하는 경우가 많다. 그 때문에 발의 반응 시간이 현저하게 길어지고 있다.

이에 비해 가산 작업(加算作業)이 있을 때는 **손의 반응** 시간이 늦어지지만 발의 반응 시간은 빨라지고 있다. 이것은 가산 작업에 의해 주의의 분배 범위가 넓어지고, 비교적 주의를 용이하게 돌릴 수 있기 때문일 것이다.

무엇이 일어날 지 알 수 없는 상태일 때는 가능한 주의의 분야(범위)를 넓히고 언제나 주의력 전환이 가능하도록 하는 자세를 만들어 둘 필요가 있다.

자동차 운전을 할 경우 등에도 각종 계기류, 램프, 다른 차나 도로의 상태, 신호, 그밖에 실로 여러 가지 것에 마음을 써야 하는데, 습득된 운전수는 이들 주의점 모두에 어려움 없이 신경을 쓰고 있다. 그리고 시간과 장소가 전개되어 감에 따라 정신 집중의 초점을 재빠르게 이동시키고 있다. 그러므로 대부분의 운전 작업이 상당히 스므스하게(마치 오토매틱처럼) 진행되고 있다.

만일 집중력이 흐트러졌다면 그 원인은 술에 취했다거나 전날의 피로, 당일의 걱정거리 때문일 것이다. 이런 원인으로 집중력의 배분이 잘 되지 않으면 반드시 부분적인 낙오가 생겨 사고를 일으키게 된다.

```
┌────────────────────────────────────────┐
│                        ┌──────────────┐ │
│  그림 11 타키스토코프    │  5   △   가  │ │
│                        │              │ │
│                        │  ○   나   8  │ │
│                        └──────────────┘ │
└────────────────────────────────────────┘
```

◉ 가능한 것을 하나씩

순간 노출기라는 실험 기구가 있다. 특수한 심리학 실험용으로 제작된 만큼 일반적으로 시판되고 있지는 않지만, 전시중에는 비행기 조종사 선발이나 훈련에 이용된 적이 있다.

이것은 그림 11과 같은 기호를 순간적으로 얼른 보이게 하는 장치이다. 이와 같은 기호를 약 0.5초 내에 보는 경우, 그 전부를 완전히 보아 기억하는 것은 상당히 어렵다.

사람에 따라서는 8이나 5라는 숫자만을 기억하는 사람도 있고 ○이나 △밖에 기억하지 못하는 사람도 있다.

그래도 일반적으로 성인인 경우에는 대체로 6개 정도는 볼 수가 있다.

그러나 이 주의의 범위가 6개인 능력인 사람에게 7~8개의 기호를 보이면 어떻게 될까. '역시 6개 밖에 보지 못할 것이다.'라고 생각한다면 틀렸다.

실제로 바르게 보는 것은 4~5개로 내려가 버린다.

이것은 어째서일까. 즉, 그 사람의 보통 능력 이상의 것을 요구하면 그 보통의 능력조차 충분히 발휘할 수 없다 라는 것을 나타내고 있다.

이와 마찬가지의 실험은 이외에도 여러 가지가 있다.

예를 들면 숫자를 6개씩 구획지어 듣게 하고 순서대로 이들을 복창시켜 보는 실험이 있다. 박자를 붙이지 말고 "3, 9, 4, 5, 7, 2"라고 한다.

이것이 6행 이내이면 바르게 복창할 수 있는 사람에게 8행의 숫자를 복창시켜 보자.

"1, 4, 6, 3, 8, 5, 9, 7."

이것이 어렵다. 최초의 5행 정도밖에 바르게 복창할 수 없는 것이다.

이것을 일반적으로는 부주의(不注意)라거나 주의력 산만이라는 말로 평가해 버리는 경우가 많다. 주의력이 최초에만 집중되고 최후까지 이르지 못하기 때문에 그렇게 일컬어지는 것도 무리는 아닐 것이다. 아까 나타낸 순간 노출기 예에서도 숫자나 기호 내에서 특정 종류의 것에만 주의가 집중되고 전반적으로는 이르지 못하는 점에서는 같은 것이라고 할 수 있다.

그러나 그것으로 그 사람에게는 집중 능력이 없다라고 하거나 바보라고 할 수 있을까.

대답은 분명히 아니다.

기억 능력만 정상이면 그 후에는 훈련에 의해 집중 방법을 익힘으로써 의외로 성적이 올라가는 것이다. 바꾸어 말하면 집중력을 익히기만 하면 능력은 상당히 향상할 가능성을 가지고 있는 것이다.

어느 대학생의 경우, 처음에 15개의 숫자를 정확하게 반복하는 데는 17초가 걸린다는 것을 알았다. 이 연습에서는 20분 들여 15개의 숫자를 몇 10조나 보이는데 이 연습을 실제로 50회 반복했다. 그러자 같은 그 학생은 15개의 숫자를 정확하게 반복하는

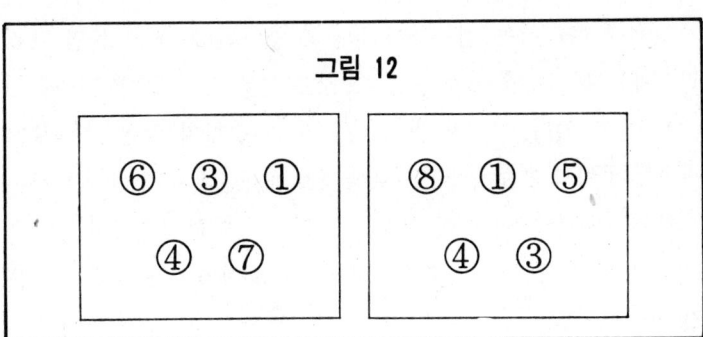

행위를 실제로 단 2.1초 내에 실시하게 되었다고 한다.

더 굉장한 학생도 있어 처음에는 20초 걸렸었으나 14초까지 단축했다.

이것은 렌쇼우 라는 미국 대학 교수의 실험인데, 이 렌쇼우 교수는 이외에도 트레이닝에 대한 여러 가지 실험을 하고 있다. 그리고 "비교적 한정된 개수의 숫자를 외우는 것에 숙달되는 것만으로도 이해와 묵독(黙讀)의 속도는 현저하게 진보된다."라는 것을 분명히 하고 있다. 즉, 얼핏 보면 단순한 연습이지만 이것이 집중 요령을 익히는 것이 되어 학과에도 좋은 영향을 미친다는 것을 알았다.

순간 노출기에서 최초 1초 동안 5, 6개 밖에 지각하지 못하는 일반인이 연습 결과, 같은 수초의 범위 내에 항상 8개 정도까지 지각하게 되었다는 실험도 있다. 누구에게나 능력 향상의 기회는 있는 것이다.

미리 볼 곳을 알아 두면 가능한 빠르고 정확하게 주의를 집중하여 지각할 수 있도록 준비할 수 있다. 이것이 연습에 의해 가능해지는 것이다.

　연습에 따라서는 집중력이 상당히 좋아진다. 예를 들면 프로 교정가는 활자를 훑어 보는 것만으로도 잘못된 프린트를 정확하게 지적할 수 있다. 식물학자, 동물학자, 지질학자 등은 평소부터 집중하여 지각 연습을 쌓음으로써 초보자가 전혀 짐작하지 못하는 미세한 차이를 알아 내어 꽃이나 동물이나 탄석(炭石)의 특정을 판명할 수 있다. 또한 그림 등의 감정가도 마찬가지라고 할 수 있을 것이다.

　일반적으로 시야(視野) 속에 자신이 잘 알고 있는 것이 나타나면 빠르고 정확하게 그것을 지각할 수 있다. 그 부분에 주의를 집중시키기가 쉽기 때문이다.

　은혜를 받은 사람은 동시에 한 가지 이상을 주목할 수 있다고 하는데, 이것은 정확하지 않다. 그런 우수한 사람은 지각의 대상을 잘 알고 있고 주의가 2개 혹은 3개의 것 사이를 재빠르게 왕복하는 것이다. 이론적으로는 2개의 현상이 같은 위치에 빨리 계속해서 생기면 그 중 한쪽은 전혀 지각되지 않는다. 그 정도로 빨리 계속되지 않는 경우라 하더라도 한쪽의 지각이 다른 쪽 지각의 영향을 강하게 하는 경우는 많다.

　예를 들면 2개의 도형을 약 0.1초 사이에 보이면 2번째의 도형은 처음 도형의 일부를 바꾸어 놓은 것처럼 지각된다. 또 웃는 사진을 보면 나중 사진은 어느 정도 웃고 있는 얼굴처럼 보이는 것이다. 웃고 있는 얼굴의 사진을 보는 시간이 길면 길수록 그런 경향이 강하다.

　요컨대 2가지 사항이 시간적 또는 공간적으로 매우 접근되어 나타나면 아무리 집중해도 양쪽을 지각할 수는 없다. 여러 가지일을 기억하기 위해서는 한 번에 기억하려고 하지 말고 한 가지씩

기억해 가는 것이 집중할 수 있는 요령이 된다.

⊙ 지각의 집중은 소범위에 한한다

거대한 스크린을 극장 무대 바로 앞쪽의 좌석에서 볼 경우, 우리들은 전부 보고 있는 것일까.

실은 시야가 넓을 때는 그 시야 중 특정 부분에만 주의가 집중되어 버려 그 이외의 주위 부분은 그다지 주목하고 있지 못하는 것이다. 서둘러 여기 저기를 둘러보아 그 중에서 흥미가 강한 부분을 선택하여 거기에 지각을 집중하려 하고 있다. 그 증거로 그 영화의 기억을 다시 한번 떠올려 보면 아주 약간의 주의를 집중했던 부분밖에 떠오르지 않는 것이 보통이다.

이것이 반대로 매우 시야가 좁은 경우, 예를 들면 현미경을 볼 때와 같이 극히 한정된 시야에 주의를 집중할 때는 그 시야 중 거의 모든 것을 분명히 세밀한 곳까지 지각할 수가 있다.

시야가 그다지 변하지 않는, 그리고 그것을 볼 시간이 충분히 있으면 주의의 집중을 통해 비교적 많은 것을 지각할 수 있다. 그러나 거기에 있는 것 전체를 보고 취하는 것은 아니며, 그다지 흥미가 없는 것이나 중요하지 않은 것은 지나쳐 버리는 경향이 있다.

그러므로 집중의 효과를 올리기 위해서는 대상이 되는 것의 범위를 너무 크게 하지 하지 말고, 부분, 부분으로 구획하여 그 부분에 지각을 집중할 필요가 있다.

익숙해져 가면 일부분을 보는 것만으로도 그 앞뒤의 짐작이 가게 된다.

부분 부분을 드문드문 읽어도 그 전후를 짐작할 수 있으면 전체

의 줄거리를 잘 알 수가 있다……. 이것이 속독(速讀)의 요령이
다.

예를 들면 다음 문장을 읽어 보기 바란다.

'석유의 범위… OPEC 공식 가격…… 4달러,5달러 단위… 33
달러… 천정을 모른다. … 앞으로는 기대할 수 없다.… 정부도…
낙관… 그만 두는 것이 어떨까.'

문장은 뚝뚝 끊어져 있지만 무슨 말을 하려는 것인지 곧 알
수 있을 것이다.

이것은 어떤 경제 잡지의 권두사로, 약 5백자를 70자로 압축한
요지이다. 참고 삼아 전문을 다음에 실어 두기로 하겠다.

'석유의 범위는 멈출 줄 모르는 것같다. 9월의 수요 시즌을 맞아
작년 말에 비해 60%나 상승된 OPEC **공식 가격**은 여지없이 깨지
고 말았다. 그것도 **4달러, 5달러** 단위이다.

우리 나라에서는 거의 알려져 있지 않은 것이지만 OPEC가
가격을 인상할 때에 가장 참고로 하고 있는 것은 스포토 원유가
아닌 미국 텍사스 산(産) 로사르포 경질 원유의 자유 가격으로
이 가격은 33달러이다. OPEC는 이것을 공식 가격의 목표로 하고
있다.

금년 12월, 가라카스 총회에서는 최저 15~20%의 인상이 예상
되고 있다는 유력한 정보도 있다. 이미 OPEC의 범위를 멈추게
할 힘은 어느 곳에도 없는 이상 가격은 **천정을 모르고 있다.**

한편 미국의 인공 위성을 이용한 조사에서는 이란의 원유 수출
은 3분의 1 이하인 100만 배럴로 급락하고 있다고 한다. 정치적으
로도 물리적으로도 이란은 **앞으로는 기대할 수 없다.**

100만 배럴의 증산을 계속하는 사우디아라비아도 팔레스티나

문제 여하로 곧 감산(減産)을 할 것이다. 쿠웨이트를 비롯한 대산
유국은 내년부터 감산을 표명하고 있으며, 밝은 재료는 어느 것
하나도 없다. 위기를 강조할 필요는 전혀 없으나 총선거로 끝났고
정부도 슬슬 낙관론의 강조는 **그만두는 것이 어떨까.'**

요컨대 주요 활자를 얼핏 보면서 그 앞뒤를 적당히 상상과 경험
으로 보충해 가면 뛰어읽기로 대의(大意)를 단시간에 파악할 수
있는 것이다.

영어에서도 마찬가지로 단어나 문장의 일부를 보면 그 전체를
파악할 수 있게 된다.

alph□□□□

buil□□□□

cus□□□

demo□□□□□

enga□□□□□□

flash□□□□□

gover□□□□□

hippo□□□□□□□

Infor□□□□□□

limou□□□

millio□□□□□

neigh□□□

oct□□□□

punct□□□□□□

recep□□□□□□□

subm□□□□□

즉, 전반을 힐끗 보면 후반은 곧 알 수 있으므로 뛰어 읽을 수 있는 것이다.

alphab<u>et</u>

buil<u>ding</u>

cust<u>om</u>

demo<u>cracy</u>

enga<u>gement</u>

flash<u>light</u>

gover<u>nment</u>

hippop<u>otamus</u>

infor<u>mation</u>

limou<u>sine</u>

milli<u>onaire</u>

neigh<u>bor</u>

octo<u>pus</u>

punc<u>tuation</u>

recep<u>tionist</u>

subm<u>arine</u>

이와 같이 부분 부분을 읽으면서 문맥에 따라 전체를 짐작하는 연습을 계속해 가면 책도 빨리 읽을 수 있고 집중력도 향상되어 간다.

⊙ 휴식을 취하는 방법

집중력이라는 것은 결코 오래 계속되는 것은 아니다. 때때로 휴식을 취할 필요가 있는 것은 당연하다.

그런데 이 휴식을 취하는 방법에 따라 학습 방법이 2가지로 나뉜다. 때때로 휴식을 취하는 것을 '분산 학습', 연속해서 쉬지 않는 것을 '집중학습'이라고 부르고 있다.

어느 쪽이 유리한가 하면 역시 휴식을 취하는 분산법 쪽이 좋다고 일컬어지고 있지만, 조건에 따라서는 집중법이 유리하다는 것도 지적되고 있다. 그러므로 현재 학습 심리학에서는 조건과 함께 어느 쪽 방법이 어느 정도 유리한가 하는 조건 분석으로 연구가 진행되고 있다.

미국 맥규 박사의 그밖의 연구를 보기로 하자.

▼학습 시간이 짧으면 휴식 시간도 짧아야 한다(로디의 실험). 반대로 오래 학습했으면 오래 휴식하라는 데이터는 없다.

▼짧은 휴식 시간은 학습의 초기에 효과가 있고, 오래 휴식하는 것은 학습의 후반에 유효하다(맥라이티의 실험). 처음부터 휴식을 길게 취해서는 안된다. 끝이 가까워짐에 따라 휴식은 레크레이션이 될 수도 있다.

▼'새로운 관계의 발견'을 중시하는 문제 해결을 위한 학습에서는 최초에 집중법을 취하는 것이 좋다. 집중법은 경험을 축적하면서 행동의 변화를 가능하게 한다.

▼숫자의 암기나 개념 등의 학습은 분산법이 좋고 시(詩)나 산문 등의 유의미(有意味) 재료의 학습에는 집중법이 좋다(밤스테드의 실험). 모아 기억할 수 없는 것은 분산하면 좋다.

▼학습자가 유능할수록 그리고 이전의 학습이 현재의 학습

활동에 활용되는 정도가 크면 클수록 분산법의 효과는 적어지고 집중법이 유리해진다.

⊙ 휴식을 합리적으로 배분하라

시험 기간이 되면 대부분의 학생은 철야를 하며 책을 읽거나 통째로 암기를 한다.

그래서는 80점이나 90점을 맞을 수 있을지 모르지만 기억으로 오래 남아 주지는 않는다. 남게 되는 것은 '밤을 새운 기억'과 운이 좋았다는 '행복감?'뿐이다. 물론 불합격점을 받은 '고통(?)'을 맛보는 사람도 많을 것이다.

그러나 세상에는 이런 식으로 공부하는 사람이 상당히 많다. 내일이 시험인데 유유히 스테레오를 틀어 고전 음악을 듣고 정석서를 보면서 바둑알을 늘어 놓기도 한다. 그런데도 성적은 우수하다…… 실은 이런 수재는 하룻밤 공부하는 대신 평소에 조금씩 공부를 하고 적당히 쉬고 있는 것이다.

물론 공부 시간의 총합계를 비교해 보면 하룻밤을 새는 사람들에 비해 몇 배나 되는 시간을 들이고 있고, 실로 휴식 시간도 세밀하게 세분되어 배분되고 있기 때문에 공부하고 있는 것이 눈에 띄지 않는 것이다.

바꾸어 말하자면, 수재는 휴식을 능률적으로 사용하고 합리적으로 배분하고 있는 것이다.

그에 비해 보통 사람은 놀기만 하고 '공부를 위한 휴식'을 취하고 있지 않다. 그리고 시간이 촉박해지면 서둘러 공부하므로 그때는 '휴식'이라는 것이 없다. 나중에 서술하겠지만, 하룻밤을 샐 때는 여러 가지 무리를 동반하게 된다. 그러므로 범인은 효율이

나쁘다는 것을 생각지 않고 매우 효율이 좋지 않은 공부법을 채용하고 있는 것이라고 할 수 있다. 우수한 학생은 하룻밤을 새는 그 몇 배나 되는 시간을 반 년에 걸쳐 하루에 몇 시간씩 분배하여 적당한 휴식을 취하면서 효율적으로 자연스럽게 받아들이고 있는 것이다.

한 번에 메꾸려는 것은 육체적으로나 정신적으로 불리한 면이 많다.

육체의 경우를 말하자면, 우리의 몸은 오랫동안 긴장시켜 두는 것이 어려우므로 빨리 피로해져 버린다. 또한 정신적으로도 긴장 상태는 오래 계속되지 않으므로 곧 피로감이 오거나 또는 심적 포화(心的飽和)라고 해서 학습 의욕이 내려가며 싫증이 나버린다.

반대로 적당한 휴식을 취하면 피로가 없는 상태, 심적 포화가 되지 않는 상태에서 학습을 할 수 있고, 또 학습을 하여 외운 것이 머리에 축적되고 있는 동안에 자기 자신을 정돈하는 힘이 발휘된다고 한다.

그리고 부분에 집착하거나 얽매이는 것이 쌓여 나쁜 습성으로 발전되는 경향이 있는 경우, 휴식을 취하면 그런 경향이 적어지며 그런 것들이 쌓이지 않는다는 효과도 있다.

그러므로 적당한 휴식이 필요하며, 그 휴식은 계획적으로 잘 실시되어야 한다. 역시 장기(長期) 계획을 미리 짜 두고 그 목표에 따라 집중력을 배치하며, 그 사이에 휴식을 분배하는 것이 가장 효과적인 것이다. 이 장기 계획은 처음에는 종이에 쓰거나 그림으로 그려두는 것이 좋다. 그러다가 점차로 익숙해져 가면 아무 것도 기술하거나 하지 않아도 집중력이 자연스럽게 분배되게 된다.

익숙해질 때까지는 휴식 시간이 한 번에 지나치게 길어지지 않도록 자제할 필요가 있다.

2,3분 정도 쉴 생각으로 TV를 보다 보니 30분이 지나 버렸다 라는 식이 되어서는 집중은 그림의 떡이 되어 버린다.

처음에는 30분마다 3분이라는 정도의 페이스가 좋은데, 1개월이나 2개월 계속한 뒤에는 30분마다 30초나 1시간에 1분이라는 식으로 피치를 올려가야 한다.

그렇게 하여 또 2, 3개월 지나면 2시간 정도를 집중하더라도 1, 2분의 휴식만으로 작업을 계속할 수 있게 된다.

1분 동안 휴식을 하는 것은 창 밖의 먼 경치를 보면서 등을 펴거나 손발의 굴신, 큰 소리로 복창이라는 동작 정도로 충분하다. 손톱, 발톱을 깎거나 연필을 깎는 것도 기분 전환이 될 수 있다. 또한 화장실을 가거나 얼굴을 씻는 것도 훌륭한 휴식이 된다.

⊙ 시간이나 재료를 분산하는 것

이제까지 서술한 바로도 알 수 있듯이 일을 집중해서 하는 것은 일을 모아 한꺼번에 해 버리는 것은 아니다.

오히려 조금씩 분산시켜 하는 편이 그때마다 집중하여 할 수 있는 경우가 많은 것이다. 너무 한꺼번에 확 해치우면 싫증이 나기도 하고 기분이 분산되어 집중할 수 없다. 조금씩 각각 격파하면서 목표를 향해 전진하는 편이 좋다.

예를 들면 타이프 라이터나 피아노 연습을 할 때, 1주일 동안 7시간씩 연습해 간다고 하자. 이 7시간을 어떻게 배분하는 것이 좋을까. 하루에 7시간을 몰아서 하고 나머지 6일은 아무 것도 하지 않는다 라는 연습 방법도 있지만 매일 1시간씩 1주일 동안

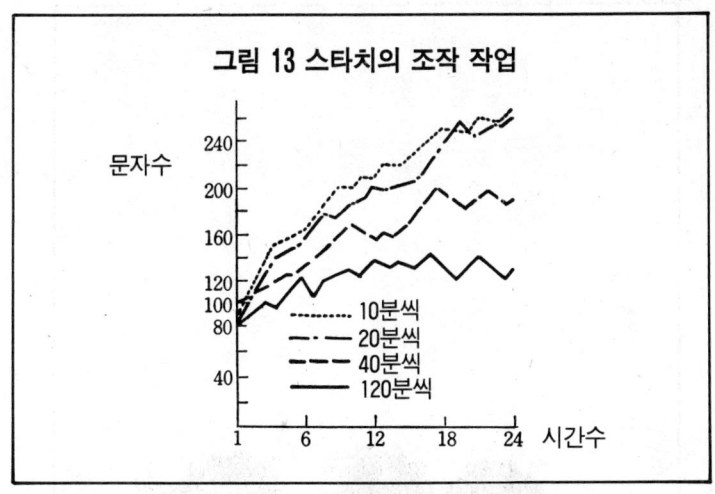

그림 13 스타치의 조작 작업

하는 방법도 있다.

이 경우, 일반적으로는 후자의 분산방법 쪽이 효과적이라고 할 수 있다. 좀더 효과적으로 하려면 매일 1시간 아침 저녁으로 30분씩 2회로 나누어 하는 편이 좋다. 이 정도의 시각이 가장 집중적으로 연습할 수 있는 것이다. 골프나 스키도 마찬가지이다.

스타치는 1912년에 실시한 실험에서 대학생 42명을 4파트로 나누어 치환작업(置換作業 ; 일정 표준을 정해 이에 따라 숫자를 문자로 바꾸는 일)을 시켰다. 모두 2시간씩의 작업이었는데, 작업 실적을 보니 가장 좋았던 것은 10분씩 매일 2회 실시한 파트였다.

그 다음에는 20분씩 매일 1회를 실시한 파트, 그리고 그 다음은 40분씩 격일로 한 파트였다.

한 번에 120분 하는 파트가 가장 성적이 나빴다(그림 13 참조)

그러나 일에 따라서는 한꺼번에 전부 하지 않으면 의미가 없는

것도 있다. 예를 들면 지혜의고리를 푼다거나 퍼즐(15개의 숫자를 순서대로 16개 틀 안에서 다시 배치하는 것)과 같은 작업에서는 한꺼번에 하는 편이 효과적이다. 쿡(1934년), 에릭센(1942년)이 이런 실험을 여러 가지 행한 결과, 몇 번씩 시험을 반복하지 않으면 결론이 나오지 않는다는 사실은 그 시험을 언제나 전부 기억 재생할 수 없는 한 고칠 때마다 또 처음부터 재출발하는 것이므로 분산해서 하는 것은 효과적이 아니라는 것을 증명하고 있다.

시간의 배분이 이와 같이 '모아서 한다'라는 것과 '분배시켜 한다'라는 것으로 그 결과에 차이가 생기는 것과 마찬가지로 공부하는 내용도 '전부 정리하여'외우는 것과 '조금씩'쌓아 올려 가며 외우는 것과는 역시 차이가 생긴다.

슈테펜스(1900년)의 실험 이래 많은 연구는 모아서 하는〔전습법(全習法)〕것이 유리하다고 하고 있으나, 한편 펫히슈타인(1917년)에서부터 시작된 또다른 연구는 이것을 부정하고 있다. 학자들 사이에서도 이런 이론(異論)이 일어나고 있을 정도이므로 단순히 어느 쪽이 좋다라고 말하기는 어렵지만, 아마도 이것은 그때그때 경우에 따라 또는 학습 내용 등에 따라 조건이 달라지기 때문일 것이다.

예를 들면 지능이 우수한 어린이는 일반 어린이 보다도 전습법을 취하는 쪽이 유리하다고 일컬어지고 있다. 이것은 전체를 계속 이해하고 개별 항목을 파악하는 지능이 우수하기 때문일 것이라고 생각된다. 예를 들면 피아노 악보를 외우려는 경우, 재능이 있는 사람일수록 큰 단위로 뭉뚱그려 학습하는 것을 좋아한다 라는 연구 보고가 있다.

또 맥규 박사는 지능 지수가 121 정도의 우수한 어린이는 지능

지수 99 정도의 보통 어린이들에 비해 터어키어 대 영어의 대비 (對比)를 하는 학습에서 전습법이 현저하게 유리하다는 것을 나타 내고 있다(1931년). 그런데 학습 재료가 매우 길고 이해가 곤란 할 때는 마지막 쪽을 이해하려고 노력하고 있는 가운데 처음은 잊어버리므로 전체의 관련을 짓기가 어려워진다. 이런 경우에는 '분습법'(조금씩 나누어 외운다)이 유리하다. 학습재료가 시(詩) 와 같은 의미 있는 것이며 게다가 정리하기가 좋은 것이라면 전습 법이 좋지만, 그다지 정리하기가 수월치 않으면 분습법 쪽이 집중 할 수 있다는 뜻이다.

펫히슈타인에 의하면 단순한 분습법 보다는 '점진적 분습법' 이 효과적인 경우가 많다고 한다. 그것은 전체를 몇 개의 부분으로 나누고 그 제1 부분과 제2 부분을 각각 학습한 뒤, 양자를 하나로 모아 학습한 다음에 제3부분만을 학습하고, 그 후에 이것을 제 1, 제 2의 부분과 하나로 정리하여 학습한다.

이와 같이 각 부분을 계속해서 더해가며 전부를 학습해 가는 것이다. 펫히슈타인의 이 방법은 쥐나 인간의 기억에 대해 실험한 결과 얻어 낸 것이라고 한다.

이와 같은 이유로 공부나 일의 특징을 다시 한번 살펴 보기 바란다.

그 내용이 복잡하면 몇 가지로 구분을 짓고 그 구분마다 재료나 시간을 분배한다. 또 그 사이에는 적당한 휴식 시간을 넣도록 한 다. 그렇게 하여 공부나 작업 시간 내에는 거기에 온 정력을 집중 하면 된다. 그 후에는 천천히 놀면 되는 것이다.

7、아이디어를 짜내라

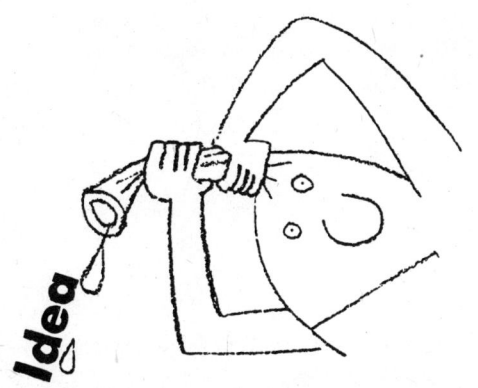

Idea

━━━━━━━

(1) 작은 아이디어를 크게 정리하라.

(2) 같은 것은 정리하여 하나로 만들어라.

(3) 관련되는 것을 연결하는 KZ법도 편리하다.

(4) 강연도 집중력을 발휘하여 잘 들어라.

(5) 푹 빠지면 무엇에든지 강해진다.

━━━━━━━

7

⊙ 발명 고안도 집중에서

어느 날 좋은 생각을 떠올려 그것을 실행하려고 생각하는 동안에 왠지 그 매력을 잃어 결국은 아무 것도 하지 않았다 라는 경험은 누구에게나 몇 번이나 있을 것임에 틀림없다.

이것은 결국 모처럼의 아이디어를 집중시키지 않았기 때문에 소멸시켜 버린 실패의 예가 된다. 아이디어는 아무리 작은 것이라도 이것을 집중시키는 것으로 인해 상당히 커다란 혁신이나 진보를 가져오게 되는 것이다. 아이디어가 크면 거두는 성공도 커진다.

발명 고안의 세계에서는 한 가지의 아이디어만으로 새로운 제품이 만들어지는 예는 그다지 없다. 한 가지의 신발명을 위해 20, 30, 아니 100, 200개 라는 아이디어의 집중을 행하는 경우도 드물지 않다. 하나의 아이디어 보다는 10개의 아이디어, 10의 아이디어 보다는 100개의 아이디어 중에서 선택하는 편이 성공률이 크다는 것은 말할 필요도 없다. 작은 집중에서 큰 집중을 취하라는 것이다.

예를 들면 사루바르상이라는 성병(性病) 특효약은 다른 이름으로 606호라고 일컬어지듯이 실로 606번째 실험에 성공한 약품이다. 이 실험을 만일 10회나 20회 정도로 포기했더라면 아마 이 약은 세상에 존재하지 못했을지도 모른다. 그러므로 무선 전신(無線電信)의 아버지라고 일컬어지는 마르코니와 같은 발명가도,

"성공은 그 착상 수에 비례한다."

라고 말하고 있다. 필자의 의견으로는,

"성공은 그 착상을 어떻게 크게 집중하느냐에 비례한다."

라고 할 수 있을 것이다. 하잘 것 없는 착상이나 좋지 않은 착상이라도 좋다. 그런 것을 문제 삼지 말고 아무튼 50이나 100개라도 착상을 한 가지라도 늘려 짜내고, 그들을 결합하여 가공하여 판단을 내려가면 된다. 축적이 큰 사람과 작은 사람은 싸움이 되지 않는다. 큰 아이디어의 저금으로 승부를 걸자.

그런데 이렇게 쌓아둔 아이디어에 대해 집중력을 잘 발휘하기 위해서는 일종의 요령이 필요하다. 그것은 극히 평범하고 간단한 일인데, 의외로 잘 이해가 되어 있지 않으며, 실행되고 있지 않은 경우가 있다. 이하 그 요점을 서술해보겠다.

⊙ 정리하여 처리한다

같은 장소에서 처리할 수 있는 일은 함께 정리하라. 예를 들면 화장실에서 볼일을 보면서 신문을 읽는 사람은 효율적으로 작업을 하고 있는 것이라고 할 수 있다.

응용 예를 2,3가지 들어 보겠다. 여러 사람에게 전화를 걸 경우, 한 번에 몰아서 걸어 버린다. 백화점에서 증정품을 발주(發注) 할 때 일용품 주문도 함께 한다. 신문 접지나 앨범 정리, 명함

이나 편지 정리도 비슷한 것이므로 한꺼번에 정리해 버리자.

　이런 집중적인 방법은 상당한 결심이 필요하지만, 따로따로 하는 것 보다는 훨씬 효율이 좋다. 당신 주위의 일상적인 작업 방식을 그런 눈으로 재검토하기 바란다.

⊙ 병행하여 할 수 있는 작업은 동시에 한다

한 번에 이것 저것 늘어 놓고 하는 것은 마치 집중의 반대인 것처럼 생각될런지 모른다. 그러나 동시에 병렬적으로 할 수 있는 일은 의외로 많은 것으로, 거기에는 역시 집중력이 필요한 것이다.

예를 들면 어떤 정형적(定型的)인 일을 하고 있을 때는 전화를 걸면서도 서류에 눈을 줄 수 있고, 도장을 찍을 수도 있다. 집중의 배분법에 대해서는 다른 곳에서 상세하게 설명하고 있으므로 여기에서는 생략하겠다. 아무튼 한 가지 일에 집중할 때는 다른 간단한 일도 동시에 할 수 있다는 것을 알아둔다.

⊙ 동시 종료 작업은 시간이 걸리는 것부터

이것은 극히 당연한 이야기 같지만, 실제로는 상당히 하기 어려운 것이다. 예를 들면 대학의 시험 공부는 입시 기간까지 일제히 각 과목을 마무리하여 끝내야 하는데 특정 과목을 마스터 하지 못한 채 불안한 기분으로 입시에 임하는 경우가 매우 많다. 영어는 200페이지 정도 남아 있고, 수학은 예정대로 하지 못했다. 국어는 한번 더 읽고 싶었는데……. 욕심을 내자면 끝이 없지만, 시간의 배분을 잘못한 이상 되돌릴 수가 없다.

회사의 일도 몇월 며칠까지 제품을 완성·납입해야 하는데 부품의 입수나 계약 수속의 일부가 어긋나 안절부절하지 못하는 예가 매우 많다.

어떤 일이나 공부는 그것을 세분하여 시간의 할당을 잘 계획하지 않으면 집중력을 발휘할 수 없는 것이다.

⊙ 어두운 곳에서 밝은 곳으로

'KZ법'이라는 이름이 붙어 있는 집중법은 매우 유니크한 것이므로 여기에서 소개해 두겠다.

어떤 문제를 집중적으로 계속해서 생각하기 위해서는 우선 적극적(예를 들면 화장실과 같은)인 상태의 방에 틀어 박힌다. 맞은편에 아무 것도 보이지 않고 폭을 느낄 수 있는 장소이면 어디나 좋다. 잡음도 적은 편이 좋다. 그리고 어두운 곳이면 더욱 좋다. 그와 같이 정신을 집중할 수 있는 환경을 만들어 그 안에서 미리 예정된 테마에 대해 손에 닿는 대로 맥락없이 자유로운 사색에 몰입해 간다.

다음에 이런 공상과도 같은 세계에서 갑자기 상황을 바꾸어 밝은 방으로 만든다(또는 밝은 방으로 간다).

그런 밝은 환경이 되면 지금까지 한정되었던 자신을 발견할 수 있게 된다.

이렇게 하여 어두운 속에서 집중적으로 사고했던 '집중 사고'를 폭넓은 확산 사고(擴散思考)로 바꾼다. 밝은 방에서 어둠 속에 있을 때 생각한 것을 뭐든지 좋으니 종이에 써넣어 간다. 이것은 문장이나 단어, 그림, 기호라도 무엇이든 좋다.

그리고 이것을 다 쓴 후에 다시 방을 어둡게 하여 같은 테마에 대해 생각한다. 3, 5분 뒤에는 다시 방을 밝게 하고, 첫 번째 기입한 곳 아래에 2번째의 자유로운, 그리고 맥락이 없는 아이디어나 발상을 써넣는다. 이렇게 해서 몇 번이고 반복하는 중에 종이 위에 발상이 적혀져 간다. 이것을 가만히 바라본다. 각각 몇 백 개의 맥락 없는 단어, 그림, 기호를 바라보면서 서로 연관있는 것끼리 이어 간다.

　그렇게 하면 반드시 3개나 4개는 서로 관계를 갖는 그룹군이 많이 생겨난다.

　그들을 축출해 가면 몇 가지의 중요한 아이디어가 나온다. 그 중에서 다음 주제에 가장 어울리는 것을 선택해내고, 아까와 같은 방법으로 생각해 간다.

　이와 같이 하여 그림 위에 표출된 문장이나 단어, 기호, 그림 중에 하나의 관련성을 찾아 가는 속에서 하나의 개념이 나타난다. 이 개념을 모아 머리에 새겨간다 — 이것은 하나의 결합화를 위한 사색이다. 이렇게 하여 밝음과 어둠, 확산 사고와 집중 사고 …… 를 몇 번이나 반복하면서 주제로의 파상 공격(波狀攻擊)을 해 간다 — 이 표현은 이해하기 어렵지만, 요는 실행할 수 있는

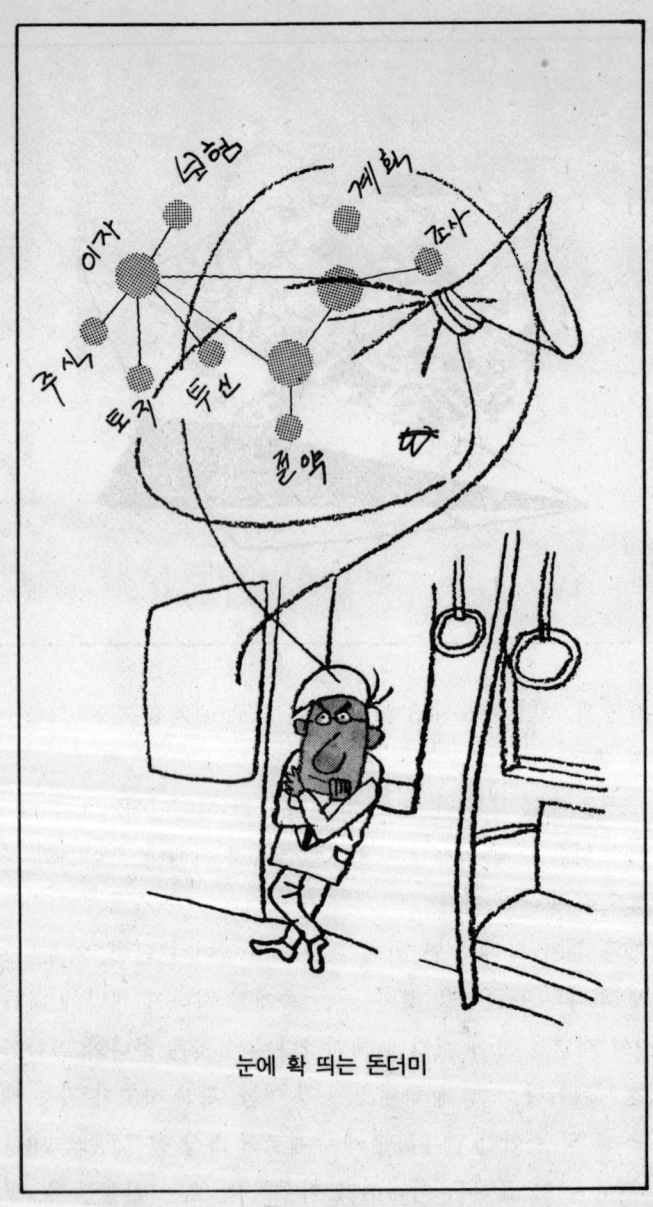

눈에 확 띄는 돈더미

것을 분석에 의해 선택하고 테마를 반복하여 캐간다는 것을 의미할 것이다 ─ 그렇게 하면 최후에는 어떤 아이디어, 즉 멋진 창조에 도달할 수 있다는 것이다.

이 KZ법은 아마 침대 속이나 화장실 안 또는 통로, 전철 안 등 문득 고독해진 순간에 떠오르는 아이디어를 그대로 소멸시키지 않기 위해 생각하여 끄집어 내는 발상법이라고 생각하는데, 한번 시험해 볼만한 가치는 있을 것이라고 생각한다.

⊙ 강연을 들을 때의 집중

어려운 강연, 지루한 강의, 재미없는 수업, 흥미 없는 설교……. 우리들은 몇 십 번이나 몇 백 번 이 수면제와도 같은 경험을 한다.

개중에는 들을 필요도 없는 하찮은 이야기도 있을 것이다. 그러나 그 대부분을 듣고 있는 우리들이 집중력을 잃고 있기 때문에 '마이동풍(馬耳東風)'이 되고 있는 것은 아닐까.

같은 이야기를 듣는 사람이라도 아무런 인상이나 감상도 없는 사람이 있는가 하면 한편으로는 그 이야기에서 풍부한 힌트를 얻고 돈을 벌기도 하며, 인생의 전기(轉機)를 발견하기도 하고 생활을 풍부하게 하는 사람도 있다. 이왕 이야기를 듣는 바에는 그 결과를 충실하게 해야 의미가 있지 않을까. 또한 이야기를 듣는 이상 의미가 있는 시간이 되도록 해야 할 것이다. 그러기 위해서는 집중력이 필요하다.

집중력을 가지고 이야기를 들으면 반드시 무엇인가 얻는 것이 있을 것이다. 보석길로 들어가면서 그것을 눈으로 보지 못하는 사람은 집중하지 못하기 때문에 그 존재를 알아차리지 못하는 것이다.

그럼 강연이나 사람의 이야기를 집중적으로 듣기 위해서는 어떻게 하면 좋을까. 여기에는 기술과 연습을 순서 있게 쌓아갈 필요가 있다. 다음에 그 요령을 기술해 보기로 하겠다.

〈필기의 요령〉

성인 교실이나 사회인 교실 등이라는 이름으로 대학 여름 방학 때 열리는 강연회를 보면 샐러리맨, 야채가게 주인, 주부, 아파트 관리인 등 여러 종류의 사람들이 참가하고 무엇인가를 생각하며 필기를 하고 있다. 그런데 그 방법을 보면 재미있는 것을 알아차리게 된다.

우선 필기라는 형식에 익숙치 않은 사람은 그다지 필기를 하지 않고 예의 바르게 선생님이 말하는 것을 듣고 있다. 이런 사람은 며칠 지난 뒤 그 강의 내용을 물으면 "한 마디로 말하자면." 이라는 정도밖에 떠올리지 못한다. 심한 경우에는 선생님의 태도나 외모에 대한 평가 정도 밖에 내리지 못하는 사람도 있다. 이래서는 가치가 있는 정보를 모으고 정리하며 분석하고 활용하는 것 등은 불가능하다. 강의 그 자체가 '돼지 목에 진주'가 되어 버리는 것이다.

다음으로 다소 필기하는 사람이 있다. 이런 사람은 그다지 필기에 익숙치 않으므로 강사가 말하는 것을 쓰고 있는 동안에는 필기 작업에만 주의가 집중되어 다음에 이야기하는 것은 알아 듣지 못한다. 선생님의 이야기는 계속해서 진행되어 가는데, 그를 단편적으로 적느라고 열심이다. 때문에 도저히 전체의 맥은 파악하지 못한다. 아무 것도 필기하지 않는 것 보다는 낫지만, 아직 집중력을 충분히 발휘하고 있지 못하다고 말해도 좋다.

다소 필기에 익숙해져 가면 강의 그 자체를 주의 깊게 들으면서 '쓰는 것'에도 소홀해지지 않도록 한다.

일반적으로 '쓴다'라는 것은 '듣는다'라는 것 보다 다소 늦으므로 귀로 선생님의 이야기를 들으면서 써야 할 것을 선택하고, 그것을 쓰면서 귀 쪽은 그 때의 이야기를 듣고 있는다. 그러므로 강의의 맥도 잡고 그 맥을 따라 이야기의 포인트를 선택하여 기록하는 것도 용이해진다. 정확하게 쓰는데 시간이 걸리는 것은 기호나 그림으로 간략하게 기록해 두면 용이하게 재생할 수 있다.

이것은 마치 자동차 운전을 하면서 카스테레오를 듣거나 친구와 담소하는 것과 마찬가지로 집중력의 능숙한 배분인 것이다.

단 아무리 쓰는 것이 숙달되었다 하더라도 말을 그대로 필기하면 그것으로 좋다는 것은 아니다. 속기록이나 테이프 레코더는 단순히 기록을 재현하는 것이며, 가치 있는 정보를 정리하거나 체계적으로 만들어 주지는 않는다. 그런데 초보자나 여성 중에는 이야기의 요점을 파악하기 어려워서인지, 아니면 선생님이 말하는 것은 무엇이든 중요하다고 생각되어서인지 내용을 이해하지 못한 채 여담이나 농담까지 노트하여 자랑으로 삼는 경우가 있다.

그 반대로 기억력에 자신이 있는 한 학생은 때때로 생각난 듯이 스케치풍의 메모를 하기도 하고 회상에 도움이 될 정도의 메모를 하고 있다. 나중에 복습하여 정리하는 사람이라면 이것도 능률적인 방법이다. 더욱 뛰어난 사람이라면 누가 보아도 읽을 수 있는 문장으로 주석까지 달아 이야기의 요점을 정리한 다음, 이야기를 들으면서 그 즉석에서 술술 써가는 경우도 있다.

여기까지 되기 위해서는 역시 상당한 습숙이 필요하다. 그 습숙법(習熟法)을 단계적으로 설명하기로 하겠다.

〈초급 코스〉

우선 이야기의 주제에 대해 연습할 것. 신문이나 참고 문헌, 백과사전, 무엇이라도 좋으므로 예비 지식을 가지는 것이 집중력의 기폭제가 된다. 주제에 대해 자신 나름대로의 문제 의식이나 관심을 가진 뒤에 이야기를 듣도록 한다. 빈번하게 화제가 될 쉬운 단어는 처음부터 기호화 해두면 필기하기 쉽다.

예를 들면 지역 개발의 이야기라면 도시를 P, 커뮤니케이션은 C, 정보는 i, 철도는 r 등으로 그 즉석에서 정해도 좋다.

〈중급 코스〉

쓸데없이 욕심을 내지 말고 선생님의 이야기를 듣고 기록하는 것에 전념을 다한다. 창문 밖의 경치나 저녁 식사 반찬 등을 생각하는 것은 둘째 치고 노트에 낙서나 장난을 하며 집중력을 죽이고 있는 사람이 의외로 많은 것같다. 많은 데이터를 재빠르게 필기하기 위해서는 글을 빠르게 쓰는 연습, 요점을 빨리 잡는 연습, 주를 다는 연습 등을 반복할 필요가 있다. 특히 주를 달 때는 논지(論旨)의 이해를 도울 뿐만 아니라 나중에 색인으로도 사용할 수 있다.

〈상급 코스〉

선생님의 이야기를 들으면서 자신도 생각하며 필기하고 있다. 이해하지 못하는 점은 ?, 승복할 수 없는 점은 ×, 동감은 ! 등의 기호를 넣어 간다. 탈선(脫線)이나 중복(重複)을 줄이고, 요점을 파악하여 자기 것으로 만든다. 이 경우, 필기를 하는 것 자체가 학습 작업이라고 할 수 있다. 복습 때 추가하여 데이터를 넣기 쉽도록 루즈 리프식으로 목차별로 정리한다.

⊙ 영어회화와 수학도 집중에 한한다

해외 여행 분위기 등도 있어 최근에는 영어, 프랑스어, 러시아어, 독일어, 스페인어, 중국어…… 등 여러 가지 어학을 공부하는 사람이 증가하고 있으나 그 어학을 충분히 마스터하고 있는 달인(達人)은 의외로 적은 것 같다.

초급에서 상급까지 여러 가지 책이 있고 카세트 테이프가 있으며, 회화 교실도 있고 또 개인 교사도 있다. TV나 라디오에도 좋은 강좌가 있다. 그런데 일반적으로 어학력(語學力)은 그다지 향상되고 있지 않다. 어째서일까.

물론 이것은 집중하지 않기 때문에 능숙되지 않는 것이다. 가령 매일 저녁 2시간씩 철저하게 책이나 테이프를 이용하여 착실히 연습하면 3~4년만에 상당한 선까지 갈 수 있다는 것을 알고 있으면서도 그것을 하지 못한다. 분명히 그런 일과를 장기간 반복하는 데는 상당한 끈기와 노력이 필요하다(돈과 시간이 필요함은 물론이다).

그런데 집중 방법은 그런 각고(刻苦) 공부형에만 적당한 것은 아니다. 바쁜 비즈니스맨은 그 나름 대로 적당한 집중 방법을 생각하면 된다.

최근에는 여러 가지 어학 교육 기관에서 '집중'훈련법을 받아들이고 있다.

한 세미나는 약 2주 간의 합숙 중 아침부터 밤까지 일체 영어만으로 진행한다. 처음에는 간단한 면접으로 어학 레벨을 A크라스, B크라스, C크라스로 나누고, 각각의 그룹마다 읽기, 쓰기, 말하기, 듣기 훈련을 46시간 내내 시킨다. 레크레이션도 영어, 식사도 영어, 끝내는 잠꼬대까지 영어로 하게 될 지경이다. 미담 중에 물에 빠진 사람이 곧 "HELP ME!"라고 외쳤다는 이야기가 있다. 이렇게까지 되면 거침없이 외국어를 지껄이게 된다.

이 방법은 토탈 이메진(total immersion)방식이라 불리우며, 영어 생활을 통해 어디까지나 영어에 모든 것을 집중시킴으로써 어학력을 강화시키는 점이 특징이다.

강사는 진짜 외국인이다. 우리 나라 사람 강사도 일류의 실력을 갖추고는 있으나 지도의 내용은 마을 영어 회화 학교나 TV 강좌 등과 크게 다르지 않다. 단 다른 것은 철저하게 집중하도록 한다는 점 뿐이다.

그러므로 바꾸어 말하자면 영어 회화에 능통하기 위한 지름길은 영어를 쓰는 나라에 가서 영어만 하면 되는 것이다. 그런 집중법을 쓰면 어린이도 누구나 훌륭하게 영어를 할 수 있게 된다. 외국에

갈 수 없는 사람은 인공적으로 그런 집중이 가능한 환경을 만들어 영어에 흠뻑 빠진다. 이렇게 하면 실력이 눈에 띄게 향상될 것임에 틀림 없다.

특별히 자금이나 여유가 없어도 그런 환경은 자신 주위에서 얼마든지 찾을 수 있다.

예를 들면 아침에 일어나서부터 저녁에 잘 때까지의 모든 순간에 자신의 행동을 전부 그때그때 영어로 설명해 가는 것이다.

"나는 지금 이를 닦으려 하고 있다. 칫솔을 들었다."

"어, 치약은 영어로 뭐라고 하더라?"

책방에 가면 「혼자서 영어 공부하는 법」이라는 책이 얼마든지 있으므로 그 방법은 결코 어렵지 않을 것이다.

요는 실행하느냐 못하느냐이다.

라디오도 영어 방송을 틀어 놓고 있으면 자신도 모르는 사이에 영어권에 있는 듯한 분위기가 생긴다. 어렵더라도 영자 신문이나 영자 주간지를 구하여 조금씩이나마 매일 반드시 보도록 한다.

이와 같이 하여 영어 정보량을 인공적으로 늘려 간다. 정보량은 많을수록 좋은 것이다.

여기에서는 영어를 예로 들고 있지만, 수학이나 바둑·장기 등 무엇에든 흠뻑 빠져 있을 때만이 집중이 효과적이라는 것은 같은 원리라고 할 수 있다. 예를들면 아침부터 밤까지 숫자만을 생각하고 이 숫자에 집중하면 싫더라도 수학에 강해진다. 수학이 약하다거나 하기 싫은 것은 수학 이외의 것에 마음을 빼앗겨 수학을 생각하고 집중하지 않기 때문이다.

지금 당신의 최대 약점은 무엇인가. 그것을 극복하기 위해서는 어떻게 하는 것이 좋을까. 한 가지 힌트가 여기에 있다.

8、오로지 반복

(1) 암시어의 반복은 유효하다.

(2) 그 반복에는 의지력을 이용하라.

(3) 의지의 강도는 동기 부여에 달려 있다.

(4) 동기를 부여했으면 끈기 또 끈기.

(5) 물었으면 놓지 말라.

$$\boxed{8}$$

⊙ 반복의 효용

시험 공부로 고생한 적이 있는 사람이라면 대부분 경험이 있을 것이라고 생각하는데, 암기하기 어려운 단어나 숫자 등을 100회나 200회 종이에 반복해서 쓰며 외우는 방법이 있다. 같은 일의 반복에 의한 집중이 기억을 확실히 해주는 것이다. 이 '반복 집중'은 단순히 기억에만 도움이 되는 것은 아니다. 여러 가지 중요한 일에 더욱더 도움이 된다.

C·M·브리스토르 라는 사람은 「신념의 마술」이라는 책 속에서 자신의 희망은 가능한 한 간결한 말로 표현할수록 좋다고 했다. 예를 들면 현재 불행한 생활을 하고 있다면 그 바램은 간단하게 '나는 행복하다'라는 적극적인 표현만으로 좋다. 그 말을 자기 자신을 향해 20회나 30회 반복하는 것이다.

이 반복이 실로 중요한 포인트가 된다. 말은 무엇이든 좋다.

"나에게는 설득력이 있다", "나는 친절하다", "모든 것이 잘 되어 가고 있다." 등등.

이런 단순하지만 건설적인 말을 몇 십 번 반복하고 있는 동안에 어느 사이엔가 자신의 마음을 바꾸어 좋은 방향으로 향할 수 있게 된다. 게다가 그 효과를 오랫동안 지속시키기 위해서는 자신이 원하는 일이 현실적인 것이 될 때까지 끊임없이 그 말을 반복할 필요가 있는 것이다.

브리스토르는 이것을 다음과 같이 설명하고 있다.

'확고한 일의 목표를 가진 사람이나 자신의 분명한 욕구를 마음 속에 이미지하고 그리고 있는 사람 또는 이상(理想)을 항상 눈앞에 확실히 가지고 있는 사람은 때때로 반복하고 있는 동안에 자연히 그것이 잠재의식으로 깊이 뿌리를 내림으로써 그로 인해 잠재의 힘이 작용하고, 그 한 가지 일에 전력을 기울여 마침내는 최소의 시간과 최소의 육체적 노력으로 목적을 달성할 수 있는 것이다.'

즉, 잠재 의식의 집중을 반복에 의해 높이고, 자신의 염원으로 한발 한발 가까이 갈 수 있게 된다. 자신의 재능과 힘을 쉼없이 한 가지 일에 쏟음으로써 가장 효율적으로 이상의 실현을 기대할 수 있는 것이다.

머리가 좋은 사람은 이 반복을 우습게 생각하는 경향이 있다. 실제로 "어리석게도 그런 문구를 반복하다니. 겸연쩍지도 않은가 ……"라고 저항감을 느끼는 사람도 많다. 그러나 잠깐 기다리기 바란다.

대체로 반복이라는 것은 인간 뿐만이 아니라 동물도 가능한 것이며, 기계도 가능하다. 단 동물이나 로보트가 반복하는 것은 집중력을 사용하고 있는 것은 아니다. 본능이나 우연에 의해서 또는 동력 때문에 반복하다가는 끝내 피로해서 죽든가 기름이 떨어져 망가지고 만다.

그러나 인간의 경우는 다르다. 인간은 집중력을 가지고 의지적

으로 반복하는 것이다. 인간은 반복하는 것의 어려움을 알고 있고 게다가 그 곤란을 견디낼 수도 있다. 결코 무의미하게 반복하지는 않는다. 반복의 의미를 알고 있고 또 그 목적을 향해 효율적인 접근을 기대하며 반복하고 있는 것이다.

앞에서도 기술했지만, 이와 같은 의지의 강도는 대뇌와 관계가 깊다.

"곤란을 이겨내는 것은 억지의 의지력을 작동시킬 때 비로소 가능해 지는 것이며 전두연합야(前頭連合野)의 강력한 작동을 기대하고 있는 것이다."라고 말한 사람도 있다.

로보트에게는 이런 전두연합야의 작용을 하는 소프트웨어가 조합되어 있지 않고 동물에게도 물론 이런 의지력은 갖추어져 있지 않다. 인간은 이런 의미에서 우수한 능력을 갖고 있다. 하지만 이 특징을 살리지 않으면 인간다운 행동을 할 수 없는 것이다.

그런데 그런 의지력을 사용하여 반복, 왕복하기 위해서는 상당한 끈기가 필요하다. 바꾸어 말하자면 지속성과 인내의 문제이다. 이 점을 다음에서 생각해 보기로 하자.

⊙ 매력을 느끼고 열중하라

집중력이라고 해도 머리 속 어딘가에 특별한 능력이 갖추어져 있는 것은 아니다. 통솔력이나 설득력 등과 마찬가지로 어떤 심적 (心的)인 상태를 기술한 것에 지나지 않는다.

그러므로 자신에게 '집중력이 없다'라고 해서 비관할 필요는 전혀 없다. 여러 가지 상태를 만들기도 하고 깨트려 보면 어느 사이엔가 '집중력이 발휘되었다.' 라는 상태가 되어 있는 경우가

꽁생원도 미인에게는 돌변

있다.

예를 들면 "나는 주의력이 산만해서."라고 자타 모두 인정하는 사람이 있다고 하자. 책을 읽는가 싶으면 금방 집어던져 버리고 지인(知人)에게 전화를 건다. 전화 도중에 담배를 피우는가 싶으면 가스 라이터 청소를 시작한다. 전화가 끝나고 한동안 청소를 하는가 싶더니 그것에도 질력을 내고 TV 스위치를 돌린다…… 이렇게 하다 보면 한 권의 책이 언제까지나 끝날 줄 모른다.

그러나 이런 사람이라도 때때로 경우에 따라서는 굉장한 집중력을 보이는 경우가 있다.

종종 그의 눈 앞에 멋진 여인이 나타나 그가 들고 있던 책 내용에 관심을 나타내고 몇 가지 질문을 했다고 하자. 그녀와 가까워질 좋은 기회를 잡은 것이다. 그는 순간, 그 책에 집중하기 시작한다. 전화도, TV도, 가스라이터도 잊고 그녀에게 답을 주기 위해 책에 열중할 것임에 틀림없다. 즉, 그녀에게 느끼고 있는 매력의 강도가 집중력을 만들어 내는 것이다.

집중이라는 것은 몸과 마음이 어떤 한 곳에 쏠리는 것을 의미한다. 또 그를 위해서는 그 대상에 빠질 필요가 있다.

우리들은 욕구가 강하면 강할수록 그 욕구를 충족시키기 위해 전신의 기능을 집중시키려는 경향을 가지고 있다. 심리학에서는 이것을 '동기'라는 개념으로 설명한다.

즉, 어떤 강한 동기가 있는 경우에는 그것이 없는 경우에 비해 욕구 수준에 달하려는 에네르기를 집중시키는 정도가 강하므로 그 결과, 작업의 실적(양·질 어느 쪽이라도 좋다)이 당연 높아지는 것이다.

E·E·제닉스는 이것을 실험에 의해 확인했다.

제닉스에 의하면 40명의 감독자를 선택하여 처음에는 단순한 '연구 자료'로써 테스트를 하고 한참 뒤에 '승진 시험'으로써 또 같은 테스트를 한 결과, 후자 쪽이 훨씬 좋은 득점을 나타냈다. 즉, 제 1회 때는 누구나 구태여 좋은 성적을 얻으려 하지 않았지만 제 2회는 '동기 부여'가 강했기 때문에 전력을 집중하여 임했던 것이다.

제1회, 제2회 째 모두 연구 자료라 하여 동기 부여를 하지 않았던 그룹에서는 득점 차이가 없었다.

아무리 우수한 능력을 가지고 있어도 강한 동기를 갖고 있지 않으면 집중할 수 없다. 이것은 정지한 물체가 일정한 힘이 작용하지 않으면 운동하지 않는 것과 같은 이치이다. 인간의 경우, 그 '힘'의 근원은 욕구이며, 그 욕구를 행동으로 연관시키기 위해서는 '동기'라는 매체가 필요한 것이다.

동기 부여가 얼마나 중요한가 하는 것에 대한 예로 이런 이야기가 있다.

프랑스의 곤충 학자 파브르는 코르시카의 중학교 교사 시절에 레온 듀플의 논문에 자극을 받아 자신이 지금까지 연구해온 곤충에 대한 논문을 발표하여 학계의 주목을 받게 되었다. 그때의 일을 파브르 자신은 다음과 같이 회상하고 있다.

'나는 그 책을 삼킬 듯이 읽었다. 나는 그 책에서 예의 검은 별 이름을 알았다. 처음으로 그 책에서 곤충의 습성에 대해 상세한 것을 읽었다. 레오뮈르다, 유베르다, 레온 듀르다가 나의 눈에는 후광으로 빛나는 이름으로 비쳤다. 그리고 그 책을 백 번 정도 읽었을 때, '나도 곤충 학자가 되야지'라는 말을 가슴 속에 새겼던 것이다.'

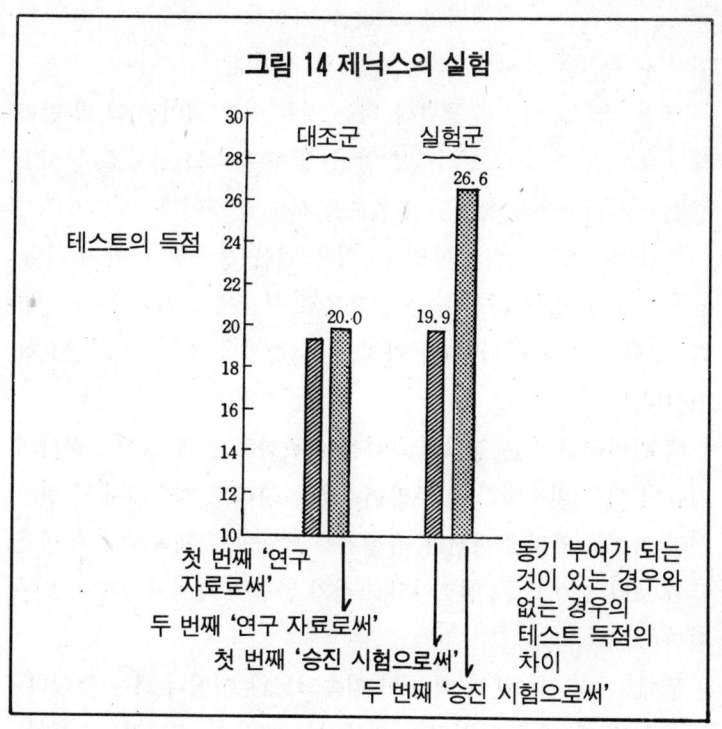

그림 14 제닉스의 실험

그는 이렇게 해서 위대한 길을 걷게 되었던 것이다. 실로 한 권의 책을 백 번이나 반복해서 읽는 집중력, 바로 이것이 「곤충기」전 10권을 낳는 원동력이 되었던 것이다. 그리고 우리들은 이 정도의 매력을 곤충에게서 느껴 열중한 열중도(熱中度)의 강함을 배워야 할 것이다. '동기 부여'라고 하면 왠지 어려운 기법이 필요할 것 같은 생각을 하는 사람이 있을지도 모르지만, 파브르의 경우는 레온 듀플의 책 한 권이 필요 충분한 동기 부여가 되었다.

요컨대 '그 어떤 일을 완수해 내려는 경우, 그 결의의 대상에서 매력을 반복하여 확인하고, 그것을 자신의 신념으로 한다'라는 것이 실은 동기 부여의 극의(極意)인 것이다.

'백번 읽으면 저절로 통한다.'라는 것은 어떤 책이든 백 번 반복해서 읽으면 반드시 그 의미를 알 수 있게 된다는 것으로, 동서고금의 독서인에게 공통적인 경험론을 서술한 것이다.

한 권의 책을 반복하여 읽는 것은 실은 용이한 것이 아니다. 연속해서 한 번에 읽을 수는 없으므로 시간에 공백을 두기도 한다. 그러면서 그 동안 여러 가지 인생 경험을 쌓는 것도 중요한 것이다.

백 번이라는 것은 경험의 축적을 습관화하는 데 있어서 하나의 매듭이 되는 횟수이다. 아무리 어려운 글자라도 계속해서 백 번을 쓰면 저절로 외워져 버린다. 유행가를 테이프로 계속해서 백 번을 들어 보라. 싫어도 그 멜로디와 가사가 완전히 외워지는 것이 보통이다.

문제는 그 '계속해서 백번'이 지속되느냐 어떠냐 하는 것이다.

최초의 백 회를 달성하기 위해서는 마음이 흐트러지지 않는 환경(장소, 시간, 도구 등)을 정돈하고, 단단한 결의하에 완수하려는 마음가짐이 필요한데, 일단 이것을 달성하면 2번째부터의 도전은 훨씬 수월해진다.

최초의 백 회만으로 만족하지 말고 대상을 여러 가지로 넓혀 표적을 바꾸면서 백회 연속을 시험해 보는 것이 좋다. 영어 단어와 사회의 암기에도 반드시 성공할 것임에 틀림 없다.

◉ 쌓아 가는 것이 중요하다

'천리길도 한 걸음부터' 라는 말이 있듯이 강한 끈기는 집중력의

큰 요소 중에 하나이다.

예를 들면 설악산에 사는 어떤 노인은 매일 산의 색이나 리듬의 상태만을 오랫동안 쭉 관찰해 온 결과, 기상대의 과학적인 예보보다도 더욱 정확하게 날씨를 판단할 수 있다. 얼핏 보면 아무것도 아닌 듯한 작은 현상을 많이 쌓아 가는 것이야 말로 거기에 가능성이 있다. 매일 같은 관찰을 반복하는 것에 의해 초보자는 모르는 미묘한 변화나 이상을 '감'으로 알 수 있는 것이다.

어부 등도 그런 감이 뛰어난 사람이다. 그 날의 조류, 바람, 기온 등의 상태를 읽어 물고기의 상태를 정확하게 예측할 수 있는 경우가 많다. 이것도 오랫동안 그런 예측을 집중적으로 반복해 왔기 때문으로 자연스럽게 '감'을 얻을 수 있게 된 것이다.

감이라고 하면 형사의 감도 오랜 세월의 훈련을 쌓아 얻어진 것이다.

노련한 형사는 많은 사람들 속에서 상습범 날치기를 발견하는 것을 주로 용의자의 눈을 보아 구별한다고 한다. 날치기의 시선은 반드시 사람의 주머니 위치에 집중된다. 그 시선을 쫓는 것이다. 말하자면 날치기의 집중력 보다 형사의 집중력이 우위에 있을 때 비로소 가능한 일인 것이다.

⊙ 지금 한발 또 한발

일찍이 미국 서부에서 금이 많이 나왔을 때, 메릴랜드의 한 청년 농부 더비는 가재(家財)를 털어 콜로라도 광산으로 가서 겨우 작은 광맥을 찾았으나 아무리 파도 신통치 않아 결국 그것을 헐값에 팔고 터벅터벅 고향으로 돌아가는 꼴이 되었다. 그런데 그것을 산 사람은 전문 기사를 고용하여 조사한 결과, 더비가 판 1미터 뒤에서 훌륭한 금광맥을 찾아 수백만 달러의 거부가 되었다.

더비는 이것을 신문에서 읽어 알고 발을 동동 굴렀다. 보석산 속에 있으면서도 한발 더 들여놓지 않았기 때문에 성공을 놓쳐 버렸던 것이다. 그러나 여기에서 포기했더라면 단지 범인으로서 시골 농부로 일생을 마쳤을 그는 여기에서 다시 한번 기운을 내어 생명보험의 권위자가 되었다. 이 뼈아픈 경험을 보험에서 살리려는 것이었다. 그의 신념이 다음 말에 나타나 있다.

"나는 의지가 약했기 때문에 1미터 뒤의 황금을 쥐지 못했다. 이번에는 다섯 번, 여섯 번 거절당하더라도 절대 포기하지 않을 것이다."

이 신념과 인내로 그는 놀랄 정도로 거액의 계약을 성공시켜 곧 수백만 달러의 부자가 되었다. 후에 그는 "강철과 같은 의지의 강함이 있으면 누구든 이런 일을 해 낼 수 있다."라고 말했는데, 이와 같은 칠전팔기의 신념, 끈기가 결국에는 집중력을 길러 주는 것이다.

반복하자.

어려울 것 없다. 오로지 반복이다.

9、집중의 장을 만들라

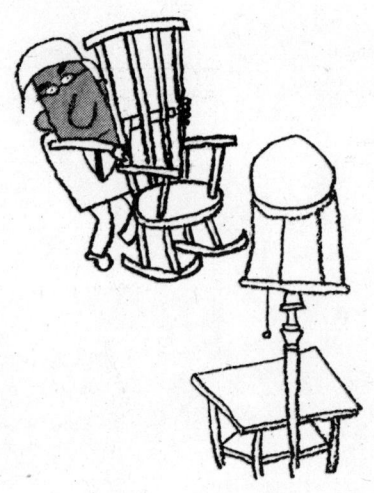

(1) 재료를 모아 반복해서 생각한다.

(2) 싫증이 나지 않도록 시점(視点)을 여러 가지로 바꿔라.

(3) 요점을 메모한다.

(4) 하기 시작한 것은 중단을 두려워 말라.

(5) 긴장감을 유지할 연구를 하라.

9

◉ 무엇이든 재료를 모아라

무엇인가를 이루려고 할 때, 아무리 의기 충천하여 열중하려고 해도 재료나 도구가 소홀해서는 이야기가 되지 않는다.

예를 들어 일이나 공부에 집중할 때, 책이나 문방구, 환경 등의 정비는 누구나 중요하다고 생각할 것이다. 현재 다음과 같은 2가지의 대조적인 환경에서 그 결과는 일목요연하다.

	〈릴렉스한 상태〉	〈집중할 수 있는 상태〉
▼의자	안락 의자	딱딱한 의자
▼조도품	취미에 맞는 것	아무 것도 아니다
▼조명	분위기가 있는 조명	상당히 밝은 조명
▼공기	담배나 지분(脂粉) 냄새가 약간 난다	신선하다.
▼온도	20도나 25도	18도 전후
▼습도	60퍼센트 이하	60퍼센트 정도
▼음향	분위기 있는 음악이 낮게 흐르는 정도	소음이 거의 없을 것

※청장년은 활동력이 왕성하므로 온도는 낮은 편이 좋고, 중고년은 다소 고온(22도 이상)인 쪽이 좋다.

※여성은 비교적 추위에 강하다(피하 지방 등의 관계에 따른다).

※적정 온도는 일반적으로 50퍼센트에서 70퍼센트 사이로, 계절에 따라 변동한다.

집중력을 익히기 위해 이런 '집중 상태'를 인공적, 의식적으로 만들어 내는 것은 매우 중요하다.

그러나 이것만으로는 사실 아직 불충분한 것이다. 부족한 것이 있다. 그것은 마음 속으로 생각하는 재료이다. 다른 말로 하면 문제 의식 및 그에 기반을 두는 잠재의식이다.

무엇인가 곤란한 사건이 일어났다고 하자. 그 문제에 관한 재료를 모든 각도에서 수집하고 분석하며 집약해 본다. 그러나 결론이 곧 나오지 않을 경우가 많다. 이것에서부터 '집중'의 영역이다. 재료를 다시 본다. 문제를 뒤집어 생각해 본다. 때로는 문제를 잊는다. 이렇게 하여 집중의 장(場)을 녹여 가면 의외로 효과적인 경우가 많다.

J·M·폭스라는 미국인 실업가의 체험에 의하면 그는 일찍이 IBM의 세일즈맨 시대에 고객의 주문 대로의 기계가 없는 데도 계약을 한 적이 있었다고 한다.

"나는 그 기계를 주문대로 하려고 모든 노력을 기울이면서 불안한 며칠을 보냈다……. 정말 진퇴양난에 빠진 나는 마지막 기회를 얻으려고 어떤 호텔에 묵었다.

이 문제의 내용을 반복하여 생각하기를 수십 번, 모든 각도에서 검토하고 정리하며 밤을 지새워 생각해 보았다. 그러나 아무런

인스피레이션도 집중의 성과

해결책도 떠올리지 못한 채 피로에 지친 몸으로 잠자리에 들었다. 그야말로 '만사 끝'이었다.

다음 날 아침, 나는 각오를 새로이 하고 피로한 몸을 욕조에 넣었다. 그러나 이게 어찌된 일인가. 그렇게 아무리 생각해도 떠오르지 않던 해결책이 마치 욕조의 타일 벽에 새겨져 있기라도 한 듯이 내 머리에 떠올랐다. 너무나 기쁜 나머지 나는 몸도 닦지 않고 뛰쳐나와 머리 속에 떠오른 것을 급히 메모지에 썼다."

이것이 잠재 의식 집중의 실례이다. 모든 문제점을 머리속에 넣고 집중적으로 생각한 결과, 해결책이 마술처럼 머리에 떠오른 것이다.

여기에서 중요한 것은 생각할 수 있는 요소는 모두 생각하고 문제점을 잘 정리하며, 사람이 할 수 있는 데까지 다 하고 천명(天命)을 기다리라는 것이다. 쉽게 해결책이 떠오르지 않더라도 최선을 다하려는 '집념'이 필요한 것이다.

제요인(諸要人)을 '어수선한'상태로 둔 채 '누워서 기다리는' 식으로 일을 생각해서는 아무런 일도 되지 않는다. 역시 이것도 집중의 요령이라고 할 수 있을 것이다.

그런데 잠재 의식이라는 것은 문자 그대로 잠재되어 있으면서 언제나 깨어 있는 것은 아니다. 싫증이 나거나 지루하거나 할 때는 특히 마음 속 깊은 곳에 가라앉아 버린다.

그럴 때, 잠재 의식을 불러 일으키기 위한 구체적인 수단을 생각해 보기로 하자.

◉ 데이터를 모아 관찰하라

집중은 어느 정도 재료를 축적해 두지 않으면 불가능한 경우가

[표 2] 정보의 매트릭스						
항목	대상	시기	방법	내용·수량	비용	비고

많다. 영어 회화 공부에 집중하려는 경우에도 책이나 카세트, TV
의 텍스트, 사전 등의 준비가 소홀해서는 그 결과도 신통치 않다.
무엇인가를 이루려는 사람은 미리 생각할 수 있는 수단을 가능한
많이 써 보는 것이다.

E. 베일즈 라는 미국인은 동결된 제네바 후수를 자동차로 건넜
다. 그것을 보고 있던 사람들은 난생 처음 보는 일에 놀랐음은
말할 것도 없다. 그는 미리 상당히 두꺼운 얼음 덩이를 사람들이
톱으로 잘라 내고 있는 것을 보고 '괜찮다'라고 확신하고 있었던
것이다.

어떤 신념이든 우선 관찰과 지식에 기본을 두고 이루어진다.

신랑, 신부를 선택하는 데이터에는 속칭 '중매인의 입김'때문에
왕왕 편파적인 면이 없지 않다. 이것은 오해나 지식의 부족이 결과
적으로 두 사람을 불행하게 하므로 일괄적으로는 말할 수 없을
지도 모른다.

그것도 일이나 공부, 모험이나 레저 등 여러 가지 분야에서
정보나 데이터를 필요한 만큼 수집하는 것이 상식으로 되어 있
다. 등반대가 기상 정보 하나를 놓침으로써 뜻밖의 재난을 당할지

도 모르고, 의사는 환자의 증상을 잘못 보아 생명을 위험에 빠트릴 수도 있다.

그러므로 세밀하게 되도록 생각할 수 있는 한도 내에서의 재료(도서 문헌은 물론이고)를 모아 그것을 목적에 맞게 정리하고 배열해 볼필요가 있다.

표2와 같은 표를 사용하여 정보의 누락이나 불비(不備)를 막는 방법도 있다. 이들을 활용하면 집중 포인트도 저절로 분명해질 것이다.

⊙ '싫증'이야 말로 집중의 적

의지가 지속되지 않는 것은 제 2장에서 이미 서술한 망각의 경우를 별도로 하면 통상 '싫증'이라는 현상을 낳는다.

레빈의 지도하에 카르스텐이 어린이들에게 봉재, 서취(書取), 시(詩)의 암창(暗唱), 줄 긋기라는 작업을 "자신이 하고 싶은 만큼 마음껏 하세요"라고 시킨 적이 있다.

그러자 어떤 어린이가 문을 쾅쾅 열었다 닫았다 하기 시작했다. 세어 보니 82회까지 쾅쾅 열고 닫고 하더니 갑자기 늦춰져 84회 째는 멈추어 버렸다.

싫증이라는 것은 조금씩 오는 것이 아니라 갑자기 찾아 오는 경우가 많은 것 같다. 개인차도 크다.

일반적으로 싫증이 나면 순간, 동작이 무뎌져 버린다. 「인간의 욕망·감정」에 의하면 포화(飽和)가 나타나는 방법은 다음과 같이 설명되고 있다.

'포화의 징후를 나타내는 제1의 현상은 작업을 적당하게 변경해 가는 것이다. 3개의 선과 5개의 선을 리듬 있게 긋게 하면 처음에는 약간의 농도 변화를 보이지만, 드디어 모양의 붕괴를 볼 수 있게 된다. 긴 장문을 암기할 것을 강요하면 반복 암기하고 있는 동안에 각각의 말이 점차 의미가 변해 가고 마침내는 전체적으로 연관을 잃고 순수한 말이 되어 간다. 익숙해져 있을 활동에도 빈번한 실수가 일어나게 되고, 처음에는 할 수 있던 활동을 점차 못하게 된다.

싫증이라는 것은 결국 작업의 목표가 무엇인지를 잘 모르는 경우나 또는 아무리 작업을 해도 좀처럼 결말이 나지 않는 경우에 생기기 쉽다.

반대로 작업의 목표가 분명하고 어느 정도 진행되었는지, 앞으로 어느 정도면 끝나는가 하는 상황이 분명하면 싫증도 덜 난다. 즉, 그동안 집중력이 겨우 유지되게 된다.

어떤 작업에 싫증이 나면 그와 비슷한 다른 작업에도 싫증이 나기 쉬워진다. 심리학에서는 이것을 '공포화(共飽和)'라고 하는

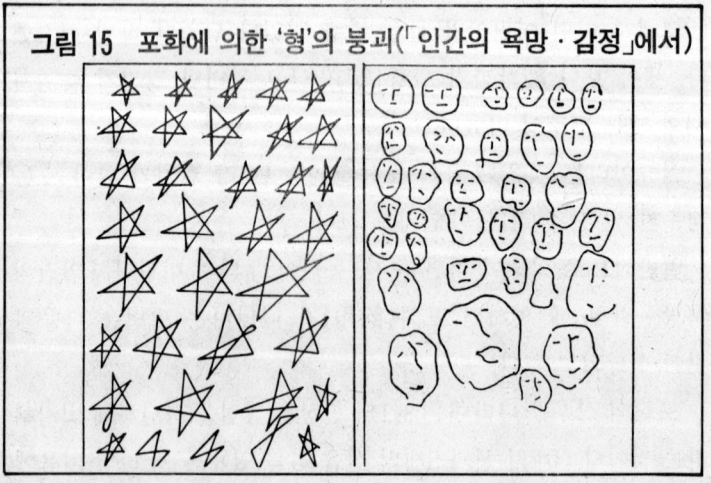

그림 15 포화에 의한 '형'의 붕괴(「인간의 욕망·감정」에서)

데, 말하자면 '싫증이 나는 병'의 전염이다.

수학을 싫어하는 사람은 이과(理科)도 싫어한다. 국어를 싫어하는 아이는 영어도 싫어한다. 그리고 마침내는 학교 자체를 싫어하게도 된다……. 교육 열이 높은 어머니가 어린이에게 무리하게 공부를 강요하면 자주 이런 나쁜 연쇄 반응(連鎖反應)을 일으킨다.

한번 싫증이 난 것을 다시 강제적으로 계속해서 시키면 분노의 감정이 폭발하여 '단락 반응(短絡反應)'을 일으키는 경우가 있다. 단락 즉, 앞뒤의 연결이 무시되어 멋대로 대강 행동을 접속시켜 버리는 것이다.

어린이가 떼를 쓰는 것도 이것인데, 어른인 경우에도 마찬가지이다. 예를 들면 울컥하여 상사를 때린다거나 별것 아닌 일에 성질을 내며 회사를 뛰쳐 나간다 라는 것 등이다.

심리학에서는 이처럼 지나치게 싫증을 내는 증상을 '과포화'라고 부르고 있다. 싫증이라는 것 자체는 인간으로서 극히 당연한 현상이지만, 과포화 정도까지 가면 여러 가지 문제가 생기게 된다. 지나친 것은 부족한 것보다 못한 것이다.

싫증을 낸 결과 '도피'를 하는 경우도 있다.

시끄러운 아내가 싫어서 술집이나 도박장에서 안주하는 남편의 경우도 도피라고 할 수 있을지 모른다. 단조로운 강의에 질력이 나서 아르바이트를 하여 모은 돈으로 여행을 하거나 놀음을 즐기는 학생도 도피라고 할 수 있다. 단 엄밀하게 말하자면, 이것은 도피라기 보다는 오히려 집중의 '전환(轉換)'이 되는 경우가 많다.

진짜 도피는 오히려 무위(無爲), 방랑에 가까워진다.

즉, 아무 일도 하지 않고 빈둥빈둥거리며 다른 사람이 뭐라고 하면 자신은 아무런 일도 하지 못하면서 변명을 하기도 하고, 책임 전가(轉嫁)를 하는 것으로 그친다. 추궁하면 곧 다른 곳으로 가고 또 같은 일을 반복한다. 이것은 일종의 정신병으로, 전문의의 치료가 필요하다. 이렇게 되기 전에 싫증이 나지 않도록 연구할 필요가 있다.

⊙ 싫증이 나지 않기 위한 연구

일정 시간 이상 일정 간격을 두고 단순한 일을 반복하면 인간은 마침내 그에 주의하는 것을 그만둬버린다.

맥포스의 실험에 의하면 때때로 시계의 초침을 일부러 1초 동안에 2초 만큼 가도록 해 놓고 그것을 피험자에게 체크시킨 결과, 30분 정도 이 실험을 계속하자 피험자는 이 점프를 놓치기 시작했다. 2시간 정도 이 실험을 계속하는 동안 점점 놓치는 정도가 늘었다는 것이다.

일반적으로 인간의 주의력은 극히 단시간밖에 집중하지 못한다. 어떤 실험에서는 최고 30초를 지속했다는 데이터가 나와 있으며, 또 다른 실험에서는 90초 지속했다는 데이터도 있다.

요는 주의의 대상이 되는 것이 어느 정도 매력적인가. 또 주의하는 사람에게 어느 정도의 능력이 있는가에 따라 초수에 차이가 있기는 하지만, 대부분 수십초가 한계가 되고 그 한계를 넘으면 주의력은 옆길로 새버린다.

단 딴 곳으로 간 주의력을 다시 본래대로 되돌릴 수는 있다. 일단 부른 주의력은 수십 초가 되면 곧 또 다른 곳으로 가버린다. 그러므로 그것을 다시 불러야 한다. 요컨대 집중력의 집중이란 그런 주의력의 왕복 운동을 빈번하게 하고 가능한 한 오래 잡아 두는 연구를 하는 것이라고 할 수 있다.

이와 같이 인간은 비교적 흥미가 없는 것이나 모양이 분명치 않은 환경에 주의를 오래 집중할 수 없다.

재미 없는 강연이나 변화가 적은 말투에 직면하면 늦든 빠르든 듣는 쪽의 주의력은 없어져 버린다. 그 대신 이야기와는 무관계한 사항이나 자기 멋대로의 사고가 머릿속을 차지하게 된다. 의미 없는 낙서를 하기도 하고 코딱지를 떼는 작업에 열중하기도 한다.

이럴 때는 어떻게 하면 집중력을 되돌릴 수 있을까. 같은 환경, 같은 조건에 있으면서 이야기를 집중적으로 잘 듣고 있는 사람이 있다. 그런 사람과 그렇지 않은 사람의 차이는 어디에 있을까.

그것은 첫 번째로 평소의 수련이나 사전의 준비라는 것이 크다고 할 수 있다. 평소부터 호기심이 왕성하고 작은 일에도 큰 흥미를 가지는 사람은 항상 싫증을 내지 않는다. 미리 강연 내용에 대해 여러 가지 의문을 가지고 문제점을 정리하며 예습을 한 사람은 역시 주의력을 상당히 집중하여 유지할 수 있다.

그리고 또 한 가지 싫증이 나려고 할 때, 흥미의 전환이나 또는 강한 자극의 도입을 교묘하게 조절할 수 있는 사람도 싫증을 방지할 수 있다. 예를 들면 연상력을 작용시켜 듣고 있던 이야기 중에서 유사한 응용 문제를 생각해 본다. 질문을 만들어 본다. 자신이 강사라면 다른 식으로 이야기할 텐데, 라는 다른 연구 방법을 생각해 본다. 지금 화제가 되고 있는 테마를 알기 쉽게 프로차트에 써본다. 또는 문제점이 대립하는 것이 있으면 비교표를 만들어본다. 매트릭스풍으로 정리해도 좋다.

강연 뿐만이 아니다. 어려운 책을 읽을 때에도 곧 '싫증'이 찾아온다. 단조로운 일을 해도 곧 싫증이 난다. 그럴 때, 책이 어렵다거나 일이 단조롭다는 것으로 그것들을 경원시할 필요는 없다. 그런 일이나 책에도 물론 흥미나 자극을 유지할 수 있도록 흥미, 자극, 환경 조건 등을 연구, 개선하면 된다.

예를 들면 다음과 같은 관점을 생각할 수 있다.

▼자신이 하고 있는 일에 대해 '어째서 재미가 없는가.'라는 질문을 해본다. 그 의문의 일람표를 만든다.

▼답으로 가능성이 있는 것을 생각나는 대로 무엇이든 써본다.

▼알 수 없는 것은 한쪽에 써보고, 누구에게 물어 보면 알 수 있을지 또한 무엇을 조사하면 좋을지 모든 가능성을 생각해 본

다.

▼책인 경우라면 도대체 저자는 무엇을 근거로 그런 말을 하는가 멋대로 공상해 본다. 일이라면 그 일의 필요성을 생각한다.

▼친한 친구와 그 테마에 대해 이야기를 나누어 본다.

▼책이면 몇 페이지마다 요약을 한다. 일이면 일의 흐름을 요약한다. 문장이 아니라 차트라도 좋다.

▼참고 문헌이나 관련 문헌을 찾아본다.

▼때때로 다른 놀이나 일로 기분전환을 기한 뒤, 또 그 책이나 일로 되돌아 간다.

▼이 책에 쓰여 있는 것이나 또는 자신의 일을 힌트로 이용하여 자신의 생활상의 아이디어를 생각한다(예를 들면 돈벌이, 여자와의 데이트 등).

어려운 철학서적이면 30분만에 싫증을 내는 사람이 재미있는 추리소설엔 3시간이나 열중하는 경우가 자주 있다. 또 책이라면 3시간 정도로 싫증이 나지만, 도박이라면 밤을 새우는 사람도 있는 것이다.

강연이나 책인 경우, 이런 노력을 해도 재미가 없는 이야기라면 듣거나 볼 정도의 가치도 없을 것이다. 밖에나가 커피를 마시거나 그것이 불가능한 경우에는 앉아서 졸아도 좋을 것이다. 이것도 어떤 의미에서는 자극, 환경의 전환이다. 일인 경우에는 그렇게 할 수 없을 때가 있다. 상사나 동료와 상담하여 대책을 함께 생각해 보는 것도 좋지 않을까.

◉ 무엇이든 좋으니 종이에 써라

로빈슨 크루소는 외딴 섬에서 혼자 생활하기 위해서 실로 여러 가지 난문(難問)을 어느 누구와 상담하는 일 없이 자신이 해결하지 않으면 안되었다.

로빈슨이 문제를 해결한 방법은 다음과 같은 것이었다고 한다.

(1) 우선 한 가지 방법을 생각하여 쓴다.

(2) 그와 반대가 되는 방법을 생각하여 쓴다.

(3) 양쪽을 비교, 검토하면서 보다 나은 쪽을 선택한다.

　　또는 양쪽의 장점으로 다른 제3의 방법을 생각해 낸다.

(4) 쓴 '생각의 자료'를 소중히 보존한다.

(5) 실제 해 본 결과와 반성을 추가한다.

이렇게 해서 (1)~(5)의 기록이 남고, 그것이 로빈슨이 살아남을 수 있는 심지가 되었던 것이다. 이것들은 단순한 지식의 기억이 아니라 사고(思考) 그 자체를 기록하고 살기 위한 기준으로 삼고 있다.

안톤 체홉(1860~1904년 ; 러시아의 작가)은 자신의 마음 속에서 발하는 것을 끊임 없이 노트에 적고 그들을 집대성해 가면서 유명한 명작을 남겼다고 한다.

영국 빅토리아 여왕(1819~1901년)의 사위가 되었던 알버트 전하는 여왕에게 종종 적절한 조언을 준 것으로 유명한데, 그 조언의 근거는 평소의 견문, 경험, 사고를 로빈슨 이상으로 세밀하게 일기에 기록한 데서 얻은 것이라고 일컬어지고 있다.

이런 '조직된 기억력'으로서의 메모나 노트는 한 권이나 두 권으로는 아무런 도움이 되지 않는 경우가 많다. 몇 십 권, 몇 백 권이라는 축적이 있을 때 비로소 그 위력을 발휘하는 것이다.

⊙ **해내자라고 마음으로 맹세하라 ─ 마음의 긴장이 한 곳으로**

집중된다

'메모를 한다거나 카드를 만든다거나 다 좋은 이야기이다. 자, 해볼까.'라고 생각하고 일을 시작하는 것은 좋은데 50매, 100매 하는 동안에 성가셔지고 잊어버리기도 한다. 이것은 아직 마음의 긴장이 단단치 못한 증거이다. 그러나 일단 시작했다는 점에서는 다른 사람 보다 이미 한발 전진해 있다는 것임을 잊어서는 안된 다.

시작한 것은 도중에 일단 중지하더라도 기회만 있으면 다시 시작할 수 있는 것이다.

어린이에게 트럼프 놀이나 나무 쌓기를 시켜 두고 도중에 정전을 시키거나 과자를 주어 방해를 하는 실험이 있었다. 이 경우, 다시 불이 들어오거나 과자를 다 먹은 뒤에 아이는 당연히 다시 놀이를 시작하는 것이 보통이다(개중에는 과자를 먹으면서 놀이를 계속하는 아이도 많지만).

일반적으로 도중에서 끊긴 행동은 기회만 있으면 이것을 재개하고 속행(續行)하려는 강한 경향이 있다. 그 이유는 역시 마음 속에 있는 긴장 상태로 설명할 수가 있다. 마음 속의 긴장이 풀어지지 않는 한 의지 행위의 소멸은 있을 수 없다.

예를 들면 자택에서 근무처까지 가는 길 도중에 우체통이 몇 곳 있다고 하자. 아침에 편지를 우체통에 넣으려는 사람은 가령 처음 우체통에 넣었으면 나머지 우체통에는 이미 아무런 관심도 없이 지나쳐 버릴 것임에 틀림없다.

그러나 그 모든 우체통에 포스터를 붙이면서 다니는 사람은 한개 한개의 우체통 모두에 주목을 계속한다. 모든 우체통에 다 붙였을 때야 비로소 마음의 긴장이 풀린다. 도중에서 포스터 붙이기를 중단해도 붙여야 할 우체통에 대한 주목은 마음 속에 남아 있는 것이다.

완성한 것, 끝난 것은 잊어버리기 쉽지만 완성하지 못한 것, 끝나지 않은 것은 언제까지나 신경 이 쓰인다. 잊는다거나 신경이 쓰이지 않는다는 것은 역시 긴장이 풀리는 것이 원인인 것이다. 그 반대로 잊을 수 없다거나 걱정이 된다는 것은 '아직 끝나지 않았다. 중단되어 있는 것이다'라는 마음의 긴장이 지속되고 있다는 것을 의미하고 있다.

이 마음의 긴장이 집중의 기본인 것이다.

그러므로 중단을 걱정할 필요는 없다. 중요한 것은 '시작했다' 라는 것이다. 시작했으니 완성하자, 라고 마음으로 맹세하는 것이 중요하다. 부득이한 사정으로 중단되어도 마음 속의 긴장은 좀처럼 쉽게 사라지지 않는다.

단 그렇다고는 해도 마음의 긴장을 풀게 하는 요인은 여러 가지가 있다. 그러므로 주의하기 위해 긴장감을 유지하는 방법을 소개해 보겠다.

◉ 긴장감을 유지하기 위해서는

휴식을 취하는 것은 피로 회복에 유효하지만, 휴식이 지나치게 길어지면 그대로 나태로 연관된다.

휴식은 마치 술과 같은 것이다. 사람에 따라 적량(適量)은 다르지만, 아무튼 그 적량을 넘으면 반드시 해를 끼친다. 또한 사람에 따라서는 거의 휴식을 취하지 않아도 그다지 피로하지 않은 사람도 있다.

인간은 너무 좋은 환경에서는 머리가 잘 돌아가지 않게 된다.

느긋하게 바닷가의 낙원에서 낮잠을 자는 상태에서는 좋은 일을
할 수가 없다. 빈둥거리는 부자의 자식이 그 전형이다. 당신 자신
도 기분 좋은 침대에서 아무런 자극도 없는 상태에 놓여지면 일을
하기는 커녕 곧 새근새근 잠이 들고 말 것이다. 그러므로 반대로
말하자면, 머리를 잘 돌아가게 하기 위해서는 육체적으로도 정신
적으로도 긴장을 줄 정도의 자극이 필요한 것이다.

그럼 머리를 풀 회전시키기 위해서는 어떤 방법으로 긴장감을
지속시키는 것이 좋을까.

일반적으로는 다음과 같은 방법이 있다.

이미 일부는 다른 페이지에서 소개했으나 다짐을 위해 복습하
자.

〈일의 환경을 바꿔라, 정비하라〉

이에 대해서는 본장(本章) 문두의 체크 리스트를 활용하기
바란다. 경우에 따라서는 작업장을 평소와 다른 장소로 옮기는
것도 유효하다.

〈카페인 등을 활용한다〉

커피, 차, 코코아에 포함되어 있는 알카로이드 중 하나가 카페인
으로, 여기에는 흥분작용이 있는데 이들 기호품을 과다하게 사용
하는 것은 피해야 한다.

〈수면 시간을 줄인다〉

지나친 수면도, 수면 부족도 머리를 멍하게 만들어 버리고 집중
을 곤란하게 한다. 수면 부족인 쪽이 머리가 맑다 라는 경우가
많다. 특히 수험생인 경우에는 만성 수면 부족인데, 그를 견디지
못하는 사람은 영광의 관을 쓸 수 없다고 할 수 있다. 단지 짧은
시간이라도 좋으니 푹 숙면(熟眠)하는 것이 바람직하다.

〈일에 흥미를 갖는다〉

같은 책상에 마주 앉아 있어도 마작이라면 장시간 같은 자세로 있어도 피로하지 않다. 그러나 일은 그렇지가 않다. 왜일까?

흥미가 있는 것, 숙의(熟意)를 가지고 있기 때문에 결국 긴장감은 오래 지속되게 된다.

이 점에 대해서는 나중에 좀더 상세하게 언급하기로 하겠다.

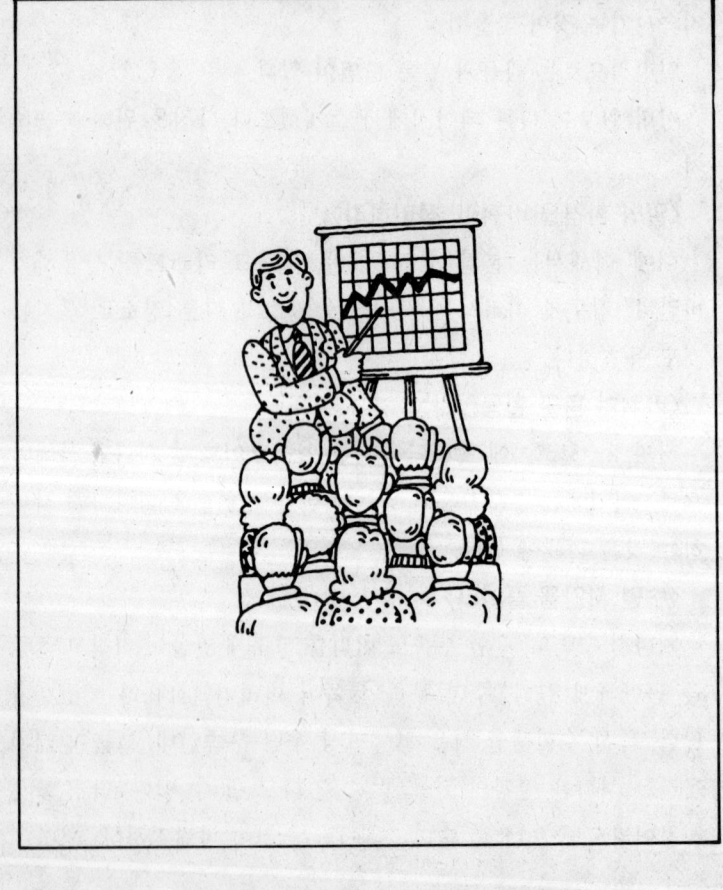

10、집벌중의 함정

10

⊙ 편집광(偏執狂)에 주의하라

아무리 '집중'이 중요하다고 해도 이것에도 정도가 있다고 생각해 주기 바란다.

그것은 실은 성격상 이상하게 지나친 집중을 보이는 경향이 있는 사람이 세상에는 몇 사람인가 존재하고 있기 때문이다.

편협되고 열광적인 성격인 사람은 계속 주위의 상황을 자신에게 연결지어 생각하는 가운에 점차 계통적인 '망상의 체계'를 갖게 된다. 이런 정신병을 속칭 '편집광(偏執狂)'이라고 하는데 정확하게는 '파라노이아'혹은 ' 망상증'이라고 부른다.

믿고 의심하지 않는다는 것은 때로는 좋은 것이지만, '절대'라고 믿고 의심하지 않으면 자신의 집중이 타인에게 해를 입힐 수도 있다. 즉, 망상이라고 불리우는 '과신 편집(過信偏執)'이 문제가 되는 것이다.

이 망상은 종종 종교적인 색채를 띠는 경우도 있지만, 때로는 정치적·경제적인 내용도 있고 개인의 교양, 성격, 환경 등에 따라 여러 가지 타입의 편집광이 있다.

이런 종류의 환자는 태도도 바르고 다소 고집이 세기는 하지만 망상에만 빠지지 않으면 정상인과 거의 구분할 수 없는 경우가 있다. 일설에 의하면 히틀러 등도 파라노이아였다고 한다.

회사나 관청, 학교 등에도 편집광적인 경향을 가진 사람들이 의외로 많은 것같다.

이 점에 대해 다음 3가지 타입이 소개되어 있다.

(1) 사물을 하나의 측면에서만 보고 언제까지나 그것만을 고집하는 타입.

(2) 자신의 부문에서 나온 아이디어가 아니면 실행하려고 하지 않는 결벽주의자.

(3) 전에 했었는데 잘 되지 않았다며 새로운 계획을 모두 무시하는 경험지상 주의자(經驗至上主義者).

예를 들면 기술 전문가도 부하와의 인간 관계 등은 아랑곳 않고 능률만을 평가하는 과장이나 또는 보수적인 관료 타입이 이에 해당한다.

이런 종류의 사람에 대해서는 '인내 있게 대화하는 것이 무엇보다 필요'하다고 하는데, 필자는 의문을 느낀다. 상대하지 않아도 별 문제가 없다면 상대하고 싶지 않다. 아무래도 상대해야 한다면 한 사람 한 사람에게, "당신은 편집증이라는 것을 자각하고 있습니까? 자각하지 못한다면 진짜 환자입니다."라고 말하고 싶어진다.

이런 종류의 사람들의 망상은 단순한 망상에만 머무르지 않고 슈나이더가 '열광'이라고 부른 '밖으로 향한 투쟁주의의 주장, 시위 등의 적극적 과격성(過激性)'을 행동의 특징으로 하고 있다.

그들에게서 공통적이라고 할 수 있는 것은 오만하고 독선적이며 의심이 깊다는 것이다.

완전욕으로 눈이 뒤집혀
마침내는 강박신경증

일반 사회에서 생활하는 경우, 의지가 강하고 일관성이 있지만 너무나도 전투적이고 완강하기 때문에 주위와의 마찰을 일으키기 쉽다.

우리 나라에서도 약간의 신흥 종교에 속하는 사람들 일부가 다소 강인한 포교(布敎) 활동을 하려고 하여 물의를 빚고 있는 것은 그야말로 이런 성격의 소유자이기 때문이다.

같은 종교인이라도 원만한 성격의 소유자에게서는 그런 면을 볼 수 없다.

그런데 이 편집광은 그 지속성의 강도 또는 환경과의 조화에 있어서 의지 박약형(意志薄弱型)과 완전히 대조적이다. 말하자면 편집광은 집중력의 '집중 호우'이고, 의지박약은 '가뭄'이다. 이런 이상한 집중은 없기를 바라는 바이다.

⊙ 너무 생각에 사로잡히지 말라

아무데서나 '집중이다', '집중' 이라고 생각해도 집중이 진행되는 것은 아니며 오히려 역효과가 나는 경우도 있다.

말하자면 '집중 과다증'으로, 이것을 정확하게는 '강박신경증' 이라고 한다.

▽재미없는 생각이나 불쾌한 생각이 반복하여 뇌리에 떠올라 사라지지 않는다(강박 관념).

▽어리석다고 생각하면서도 반복하지 않을 수 없다(강박 행위).

▽무서울 이유는 없다고 생각하면서도 언제나 공포에 쫓기고 있다(공포증).

이런 상태는 예를 들면 다음과 같은 행동을 취하는 것으로 잘 알 수 있다.

A씨는 처음 추리 소설에 열중하고 있었다. 범죄 단서와 범죄자의 심리 등에 관심을 집중하고 있는 동안에는 괜찮았는데, 그 날 밤 문단속이 걱정이 되어 한밤중에 몇 번이나 문을 조사했다. 그뿐만이 아니다. 베개가 일정한 위치에 놓여져 있지 않으면 잠을 잘 수가 없다. 그래서 바보 같은 생각이라고 생각하면서도 몇 번이나 베개를 다시 놓는다……

이와 비슷한 증상으로 B씨는 손의 더러움이 신경 쓰여 한 시간에 몇 번씩 손을 닦지 않으면 성이 차지 않는다고 한다.

모두 신경증에 걸려 있는 것인데, 이런 강박신경증에 걸리기 쉬운 사람은 일반적으로 다음과 같은 성격상의 특징을 가지고 있다.

우선 완전욕(完全欲)이라고 할까 100퍼센트의 이상(理想)을 추구한다. 다음에 그런 높은 이상이나 욕구와는 반대로 과민한 자기 비판과 자신 결핍 경향이 있다.

즉, 한편으로는 강하게 욕망의 실현을 꿈꾸면서 다른 한편으로는 자신의 능력에 자신이 없는 것이다. 그러므로 비현실적이며, 의미 없는 행동을 반복하여 정신을 흐트러뜨린다. 그런데 그런 '거짓'집중에 안심할 수 없기 때문에 점점 증상이 악화되어 가는 것이다.

일반적으로 환경의 장해에서 생긴 정신병은 치료하기 쉽지만, 성격의 미숙이나 편중으로 인한 정신병은 치료하기 어렵다고 한다. 여기에서는 정신병 치료법까지 서술할 여유가 없으므로 거짓 집중이 심각한 문제를 가져 온다는 것은 충분히 알 수 있을 것이라고 생각한다.

요컨대 우선 '예방'이 중요하다.

⊙ 암시는 하늘의 구원 — 기도도 하나의 집중

종교적인 분위기 속에서 매우 우수한 암시를 주면 쓸데없는 불안이 해소되고, 심신의 결함에 대해 자신의 의지나 힘이 집중되므로 약한 증상은 대개 치료된다. 사람에 따라서는 그리스도의 기적 등을 미신이라고 생각하는 사람도 있겠지만, 이것은 암시의 효용으로 설명할 수 있다.

우선 각성 암시이다. 이것은 본인은 일상의 심리 상태인 채이지만 특정의 인상에 대해 암시를 주는 사람이 말하는 대로 판단이나 동작을 한다(혼자서는 좀처럼 암시에 걸리지 않지만, 교묘한 CM이나 광고 등에 많은 사람이 암시에 걸리는 경우는 의외로 많다.).

다음엔 최면으로, 이것은 인공적으로 한정하고 싶은 심리 상태(최면 상태)로, 암시자와 피암시자 사이에 특수한 대인 관계(암시자의 자극에만 반응하는)를 만들어 낸다.

암시자와 피암시자가 같은 사람인 경우에는 자기 암시가 일어난다(확신을 갖기도 하고, 반대로 기분적으로 아픈 특수한 심리를 만들기도 한다).

암시자가 최면술에 숙련되어 있으면 다른 사람에게 암시를 걸어 그 능력을 집중시킬 수도 있다.

즉, 최면 혹은 최면에 가까운 상태에서 다른 사람에게 암시를 걸면 그 암시에 걸린 사람은 능력이 집중되므로 평소에는 생각할 수 없는 위대한 힘을 자신의 손으로 발휘할 수도 있는 것이다.

이 점은 다음과 같이 설명할 수 있을 것이있다.

최면 상태에서는 일종의 주의의 편중(안, 밖에서의 자극에 대한 의식야가 좁아지는 상태)가 일어나 피암시자는 암시자로부터 주어지는 '말'의 암시에 집중적으로 반응하게 되는 것이다. 수면은 아예 의식이 없어져 있는 상태인데, 이 것이 최면과 수면을 구분하는 중요한 점이다.

단순히 자고 있는 것과는 달리 최면중일 경우에는 밖에서의 암시에 집중적으로 반응하는 부분이 확실히 존재하고 있는 것이다. 최면 상태가 되면 수치 등의 생각은 없어지고 의식이 집중되어 과거의 기억 등이 분명히 떠오른다. 특히 히스테리나 자기 현시욕(自己顯示欲)이 강한 사람일수록 암시가 효과가 있다.

이와 같은 특징을 이용하여 편식(偏食) 치료, 나쁜 습관의 교정, 성격 단련 등의 목적으로 암시 ― 최면법 또는 자율 훈련법이 보급되어 있다. 현재 심료내과(心療內科)라고 불리우는 분야에서 최면이나 자율 훈련법을 이용하여 치료하고 있는 병이 매우 많다.

젠슨, 원형 탈모증, 멍한 증상, 멀미, 서경(書痙), 야뇨(夜尿),

흘음증(말音症 ; 말더듬), 대장기능 이상, 노이로제, 편두통, 두통, 편식, 식욕 부진.

본래 이들 병을 모두 암시 요법으로 고친다는 것은 아니다. 단 이들 병중에는 암시 요법으로 치료하기 쉬운 것이 비교적 많은 것은 사실이다. 암시 요법과 병용하여 다른 심리 요법이나 약물 치료를 실시하면 더욱 치료하기 쉽다.

제 5장에서 서술했듯이 암시어나 정신 통일의 훈련 등이 암시 요법에 의해 행해진 귀중한 경험의 성과라고 할 수 있다. 분명 암시에 의해 집중력이 놀라울 정도로 발휘되는 경우가 많은 것이다.

◉성취를 상상하라

의지를 계속해서 강하게 가진다는 것은 필시 보통 노력으로는 안될 것이다 라고 누구나가 생각할 것임에 틀림없다. 그러나 반드시 그렇지는 않다. 즐기면서 의지를 지속시키고 있는 사람 쪽이 오히려 많다고 해도 좋다.

성공했을 때의 기쁨을 기대하면서 그에 점점 가까워져 가는 과정을 즐긴다는 여유는 역시 그 사람 자신이 신념을 갖고 있어야 하는 것이다.

"분명히 시험에 합격한다."

"꼭 이 상담은 체결된다."

"그녀가 꼭 기뻐할 것이다."

그렇게 믿고 노력을 쌓아가는 것은 그 사람의 탄력이며, 삶의 보람이다.

그러므로 의지나 지속이 힘들다고 생각하지 말고 완성·성취했

을 때를 상상하여 그 현실을 꿈꾸면서 즐겁게 한발 한발 계단을 올라가도록 자신의 신념을 집중적으로 작동시키면 되는 것이다.

상상이라는 것은 물론 즐거운 것을 상상해야 한다.

목이 마를 때 맛있는 맥주가 있으면 마시고 싶다고 생각하는 것이 보통인데 '아니야, 그 속에는 청산가리가 들어 있을지도 몰라.', '설사 있다 해도 터무니 없는 돈을 내라고 할지 몰라.', '너무 마셔 아내에게 혼날지도…….'라는 상상을 해서는 도저히 기분이 좋아질 수 없다.

높은 빌딩에서 창을 닦고 있는 사람들은 결코 이상한 상상, 즉, '발을 헛디디면 끝이다.'라는 걱정은 하지 않는다. 그들은 발을 헛디딜리 없다고 믿고 있다.

우리들은 평지에서 약간 떨어진 가느다란 평균대 위에서도 셀 수 없을 정도로 떨어지는데, 그것은 높은 곳에 있다는 불안감이 나쁜 상상을 낳고 신념을 깨뜨려 발을 헛디디게 하기 때문이다.

빌딩의 창문을 닦는 이들은 그 일이 끝나면 다른 사람 보다 많은 수고비를 받는다거나, 그 일 자체의 완성에 기쁨을 느끼거나 또는 그 일이 남성적이라는 이유로 일 자체를 즐기면서 한발 한발 완성을 향해 다가가고 있다고 할 수 있다. 만일 그렇지 않다면 사고를 일으키거나 일을 바꾸었을 것이다.

◉기대하고 있는 것에는 집중하기 쉽다

주의력을 집중하는 데 있어서 효과적인 것은 마음 가짐을 미리 단단히 다져두는 일이다. 무엇인가를 미리 기대하고 있을 때는 그에 대한 관심이나 주의가 당연 높아진다.

상세하게 조사해 보면 이 주의(主意)가 최고로 발휘되기 위해서는 그에 적당한 시간이 있다는 것을 알 수 있다. 한 예로 반응 시간에 대한 실험을 들어보자.

이 실험 장치는 실험자가 전자 보튼을 누르면 그와 동시에 천분의 1초 단위의 시계가 자동적으로 움직이기 시작한다. 다음에 피험자가 그 빛을 보고 곧 전자 보튼을 누르면 시계가 멈춘다. 즉, 빛이 붙은 순간부터 그것을 보고 시계를 멈추는 순간까지를 기록해 가는 장치이다.

이런 실험 장치에서는 램프가 붙기 전에 피험자에게 '준비'라고 소리친다. 그 소리에서부터 실제로 빛이 들어올 때까지의 시간 간격을 0.6초에서 20초까지 여러 가지로 바꾸어 실험해 본 결과는 그림 16과 같았다.

이에 의하면 '준비'라고 한 뒤 빛이 날 때까지가 2초 정도일 때에 반응 시간이 더욱 빠르다. 즉, 2초 정도가 가장 주의도(主意度)가 높다. 바꾸어 말하자면 준비 자세에서 주의가 최고도에

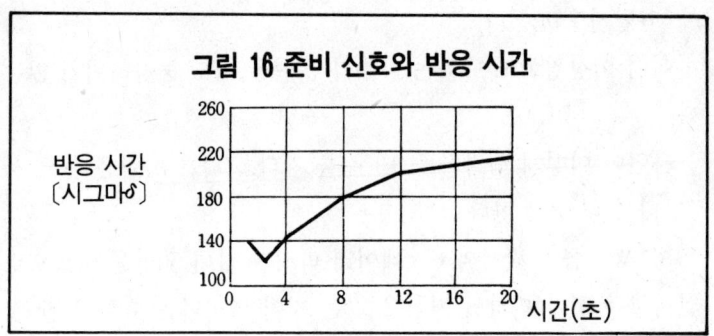

그림 16 준비 신호와 반응 시간

반응 시간
〔시그마〕

이르기까지는 약 2초의 잠복기(潛伏期)가 있는 것이다.

그리고 그것을 지나면 주의의 긴장이 계속 되지 않고 주의도가 이완되어 반응 시간은 더욱 늦어진다.

이 반응의 형(型)에는 개인차가 있어 빛나는 자극 쪽으로 주의의 중점이 향하는 형, 말하자면 감각형(感覺型)인 사람과 손을 움직이는 반응쪽으로 주의의 중점이 향하는 형, 말하자면 동작형(動作型)인 사람이 있다. 감각형인 사람은 반응하는 시간이 비교적 느리지만 그 대신 동작의 실수가 적다. 이에 비해 동작형인 사람은 반응 시간은 비교적 빠르지만 동작의 실수가 많다고 한다.

⊙헤매지 말라, 확신을 가지고 전념하라

애써서 좋은 아이디어, 좋은 교훈, 좋은 훈련법을 받아도 그것을 실행하지 않으면 아무런 의미도 없다. 기왕 할 바에는 전념을 다한다.

"이런 훈련으로 효과가 있을까."

"시험해 볼까."

"안될지도 모른다."

이런 어정쩡한 태도로는 아무리 훈련을 해도 능숙해지지 않는다.

타인이 어떻게 생각하든 '내 길을 간다.', '다른 사람은 다른 사람, 나는 나'여야 한다.

A·W·콤스 박사와 C·테이러 박사가 남녀 50명을 대상으로 실시한 실험에 의하면 자신을 갖는 것이 얼마나 중요한지 잘 알 수 있다.

이 실험은 지속적인 집중을 필요로 하는 작업에 대해 시험한 것으로, "당신은 주의가 집중되지 않는군요."라고 하면 피험자는 자신이 없어진다. 일단 이렇게 자신이 없어지면 작업 능률이 떨어지기 시작하고, 반대로 실수가 증가하기 시작한다. 이 실험의 예를 보아도 '나는 집중할 수 있다.'라는 확신을 갖는 것이 얼마나 중요한지 분명히 알 수 있다.

프랑스인 에밀리 퀘이는 자기 암시법을 주창한 사람인데, '나는 매일매일 모든 점에서 나아지고 있다.'라는 암시의 말을 매일 반복하라고 하고 있다.

유명한 이야기인데, 미국 제32대 대통령이었던 루즈벨트는 소아마비로 고생한 적이 있었다. 그는 '나는 반드시 걸을 수 있다!'라고 매일 밤 계속해서 자신에게 말한 결과, 결국 그 신념을 실현시켰다고 한다. 인간은 해보지 않고서는 모르는 것이 많다.

'밤에 그런 말을 중얼거리다니, 남들이 미쳤다고 할 것이다.'라거나 '그런다고 될 리가 없다.'라는 생각을 하고 있는 동안에 집중과는 점점 관계가 멀어지게 된다.

두드리지 않으면 문은 열리지 않는 것이다.

맺 음 말

목표에 대한 의욕

집중은 인생을 효율적으로 살기 위한 지혜이다. 그리고 집중은 누구나 할 수 있다.

그런데 어째서 그것을 하지 못하는 것인가. 소질이나 환경으로 인해서 집중할 수 없는 경우는 별도로 하고, 그 대부분은 집중 방법, 기술을 모르기 때문이다. 그리고 소질이나 환경이라는 제한이 있는 경우조차 훈련을 함으로써 충분히 집중 할 수 있게 된다.

그러나 단순히 집중 방법을 알고 있으면서도 실행하지 않으면 이것은 그림의 떡이 되어 버린다.

집중을 훈련, 실행하는 데 있어서 무엇 보다도 중요한 것은 자아(自我)의 확립이며, 그 자아를 스스로 다스리는 일이다.

즉, 인격이 하나로 성숙, 자아의 확립과 함께 닦아져서 풍부한 내적 세계를 구축해 가도록 집중력도 그 사람의 자율심, 극기심에 의해 집중 기술을 높이고 충실해져 간다. 이 과정 속에서 집중력 형성의

기술을 아는 사람과 모르는 사람과의 차이가 점점 커져간다. 훈련을 하는 사람과 실행하지 않는 사람 사이에는 더욱더 차가 커져 간다.

옛부터 '행(行)을 쌓아라.'라거나 수행(修行)이라는 형태로 '행'이 중시되고 있다. 이 '행'이야 말로 집중 훈련이다.

불교에서는 석가모니가 옛부터 '고된 수행을 통해 바른 깨달음을 얻어라'라고 말한 것이 영원의 테마이다. 스스로를 단련하고 그러는 가운데 깨달음을 얻는 수밖에 다른 길은 없다.

특히 난행고업(難行苦業)을 하여 초인적, 신비적인 힘을 얻으려는 사람들을 볼 수 있다.

여기에 한 마리의 개가 있다고 하자. 대부분의 사람은 그냥 힐긋 보며 지나쳐버린다. 그러나 자세히 살펴 보면 이 개는 광견병(狂犬病)에 걸려 있을지도 모른다. 또는 땅을 파고 있는 것을 보니 지하에 무엇인가 있을지도 모른다. 아니,이 개의 털은 드문 것 같으니 어쩌면 잡종(雜種)이 아니고, 어디 어디 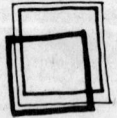 산(産)의 순수 혈통을 가진 개일지도 모른다. 카메라를 가지고 있는 사람이라면 이 개 한 마리로 대회

입상의 명작을 만들 수도 있을 것이다. 스케치를
해도 좋다. 이 개를 테마로 소설이나 노랫말을 만들
수 있을지도 모른다. 이렇듯 단 한 마리의 개라도
흥미를 가지면 끝이 없을 정도로 여러 가지 형(形)
으로 집중할 수 있다.

하물며 공부나 일에 있어서는 어떻겠는가. 일의
경우, 당신과 다른 사람과의 관련, 규정, 조직, 예
산, 인간 관계, 설비 기계 등 여러 가지가 관계되어
당신의 흥미를 계속해서 만족시켜 주고 있다. 공부
의 경우는 당신의 목표를 달성하는 과정에는 수많은
기회, 미지의 흥미, 깊은 지식, 감명을 울리는 발
견, 도움이 되는 교훈, 재미있는 실험, 또는 연구
등이 많이 기다리고 있다.

당신은 지금까지 너무도 모르고 있었던 것이다.
다시 한번 새로운 눈으로 당신의 일과 공부를 살펴
보자.

"무엇인가 결여되어 있는 것은 없는가?"

"지금까지 사용하지 않았던 도구도 사용해 보
자."

"도서관에 가면 무엇인가 있을지도 모른다."

"저 사람에게 물어볼까?"

"이 때 내 자신의 계획이 필요하다."

"아직 여러 가지 방법으로 연구할 수 있다."

무엇이든 좋다. 대상이 되는 것에 대해 모든 각도에서 칼을 대어 보는 것이다. 분명히 재미있는 테마를 제공해 줄 것이다. 그리고 그것은 궁극적으로 일하는 기쁨으로 연결될 것이다.

일하는 데 기쁨을 느끼는 사람은 피로도 모른다. 모든 심신(心身)의 기능을 일에 집중시킬 수 있는 것이다. 반대로 일하는데 기쁨이 적은 것은 집중력의 적(敵)이라고 해도 좋다.

집중할 수 없다는 것은 결국 그 사람의 자아를 죽이고, 그 인생의 가치를 무의미하게 한다.

이 책에서 반복해서 서술해 온 모티브를 여기에서 마무리 하기로 하자. 집중하는 것에 의해 자아를 효율적으로 발휘하자. 자아의 확립을 위해 집중을 하자.

여러분, 이 책은 하나의 문제 제기에 지나지 않는다. 나머지는 여러분 자신이 실제로 집중력을 사용할 차례이다.

건투를 빈다.

*　　*　　*

살아가는 기술이란 하나의 공격 목표를 선택,
거기에 힘을 집중시키는 것이다.

— 모로와 —

```
┌ ─ ─ ─ ─ ┐
  판   권
  본사
  소   유
└ ─ ─ ─ ─ ┘
```

정신 통일법   현대성공학시리즈

2000년 9월 5일 재판 인쇄
2000년 9월 15일 재판 발행

지은이/ 士 屋 敏 明
옮긴이/ 문　정　수
펴낸이/ 최　상　일

펴낸곳/ 태 을 출 판 사
서울특별시 강남구 도곡동 959-19
등록/ 1973년 1월10일(제4-10호)

■주문 및 연락처

우편번호 ① ⓪ ⓪ - ④ ⑤ ⑥
서울특별시 중구 신당6동 52-107(동아빌딩 내)
전화/2237-5577 팩스/2233-6166

ISBN 89-493-0122-9   03170

최신판 太乙 성공학시리즈

모든 수험생을 위한 필독서! 성공철학의 대명사

천재적 두뇌개혁

다꼬 아끼라 지음

어떻게 하면 두뇌를 개발할 수 있을까? 사물을 관찰하는 방법으로부터 머리로 사물을 바라보는 방법에 이르기까지 다양하게 혁신적인 두뇌개혁법을 정리한 지침서이다.

독심술 대인관계

다꼬 아끼라 지음

성공하기 위해서는 먼저 남의 마음을 움직여야만 한다. 이 책은 자기 자신과 더불어 남을 설득할 수 있는 비법이 체계적으로 정리되어 있다.

합격비결 정신집중

아베 에르네스트 디므네 지음

세상을 사는데 있어 가장 중요한 사고의 하나인 생각한다는 것. 이 책은 올바른 사고법, 성공하는 사고법을 체계적으로 정리한 성공철학 지침서이다.

능률배가 시간활용

레이 죠셉 지음

아침의 일과에서부터 잠자리에 들때까지의 효과적인 현대인의 시간활용 지침서이다.

암기비법 천재적 기억술

와다나베 다까아끼 지음

성공을 위해서는 무엇보다도 먼저 기억력이 뛰어나야 한다. 이 책은 현대인을 성공적으로 이끌어줄 천재적인 기억법에 대한 지침서이다.

자기운명 개조법

多潮輝 지음

이 책은 자기 자신의 운명을 개조시킴으로서 성공적인 인생을 창출시키는데 그 목적을 두고 기획된 책이다.

천재두뇌 양성법

糸川英天 지음

천재는 태어나는 것이 아니라 분명히 만들어 지는 것이다. 노력하지 않고 스스로 주저 앉는다면 당신은 인생의 낙오자가 될 것이다.

정신 통일법

土屋敏明 지음

꿈이 큰 사람은 꿈을 이룰 수 있다. 원대한 포부를 가져라. 한 가지 뜻으로 그대의 인생을 승부하라. 대망을 성취하는 사람은 보통 사람과는 다른 정신력을 가지고 있다.

우뇌력 활용법

品川嘉也 지음

이 책은 좌뇌력의 이용에 젖어온 현대인에게 우뇌력을 활용할 수 있는 방법을 체계적으로 제시해 주는 자기계발 지침서이다.

3시간 단면법

藤本憲辛 지음

이 책은 잠을 적게 자면서도 건강을 유지하고, 나아가 건전한 정신력으로 시간을 지배함으로써 성공을 보장하는 현대 성공학 가이드이다.

太乙出版社

■주문 및 연락처
우편번호 ① ⓪ ⓪ - ④ ⑤ ⑥
서울특별시 중구 신당6동 52-107(동아빌딩 내)
전화/2237-5577 팩스/2233-6166